Schöningh
westermann

D1996586

Kunst buch 2

Ein Arbeitsbuch für die Jahrgangsstufen 7 und 8

Herausgegeben von:

Martin Binder

Erarbeitet von:

Achim Algner
Martin Binder
Michael Deffke
Anne Knaupp
Britta Paßmann
Henning Prox

westermann GRUPPE

Druck A^3 / Jahr 2020
Alle Drucke der Serie A sind im Unterricht parallel verwendbar.

Illustrationen: Matthias Berghahn, Bielefeld
Umschlaggestaltung: Nora Krull, Bielefeld
Fotos: Randy Faris/Corbis/VCG/Getty Images (U1), © Sweet Art/Shutterstock.com (U4)
Druck und Bindung: Westermann Druck GmbH, Braunschweig

ISBN 978-3-14-**018133**-4

Liebe Schülerinnen und Schüler,

ein etwas hinterlistiger Ausspruch über moderne Kunst sagt, Kunst komme von „Können". Wenn sie von „Wollen" käme, hieße sie Wulst.

Richtig daran ist, dass Künstler viel können müssen. Dabei wollen wir euch helfen.
Falsch ist aber, dass das Wollen keine Rolle spielen würde. Im Gegenteil!

Wir wollen euch anstiften, Kunst zu hinterfragen. Was will die Künstlerin oder der Künstler? Ihr werdet auf diese Weise Geheimnisse entdecken, die verborgen bleiben, wenn man sich mit der Oberfläche begnügt. Trotzdem bleibt das Besondere an der Kunst, dass sie ihr letztes Geheimnis nie verrät.

Anne K...

Martin Binder

Henning Pross

Britta ...

Joachim ...

Michael Dopffer

Inhaltsverzeichnis

Das KUNSTBUCH verschafft Durchblick!

Wenn ihr Stummel oder Stummeline seht, darf nach Herzenslust gearbeitet werden. Denn Kunst lernt man nur, wenn man aktiv wird.

Ihr habt natürlich oft genauso gute Ideen wie wir. Wenn ihr diesen Stempel seht, solltet ihr unbedingt eigene Aufgaben finden.

Kunst

Diese Hinterlegung weist darauf hin, dass ihr im Kapitel Nachgeschlagen wichtige Informationen findet.

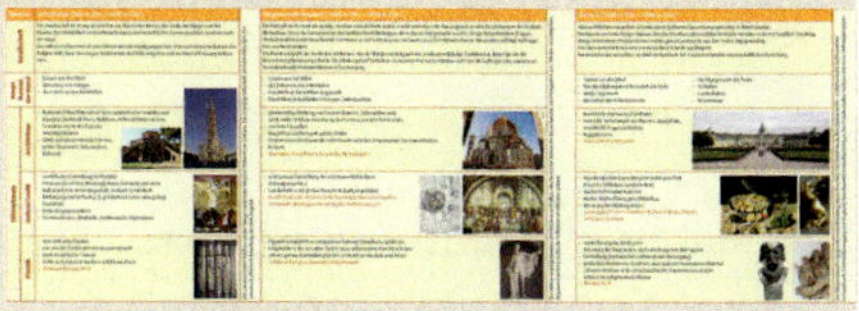

Außerdem findet ihr hinten im Buch einen Zeitstrahl. Der hilft euch, Kunst in ihrem geschichtlichen Zusammenhang zu sehen.

Für den täglichen Gebrauch

Die Gegenstände, die wir nutzen, dienen einem ganz bestimmten Zweck. Designer gestalten die Dinge so, dass sie ihren Zweck erfüllen und dass sie eine Botschaft aussenden. Und diese Botschaft kann man lesen.

Alltag wird Kunst

Künstler entdecken Alltagsdinge, hinterfragen deren Bedeutung und Geschichte. Nicht nur das Schöne, auch das Alltägliche und Banale kann Gegenstand von Kunst sein.

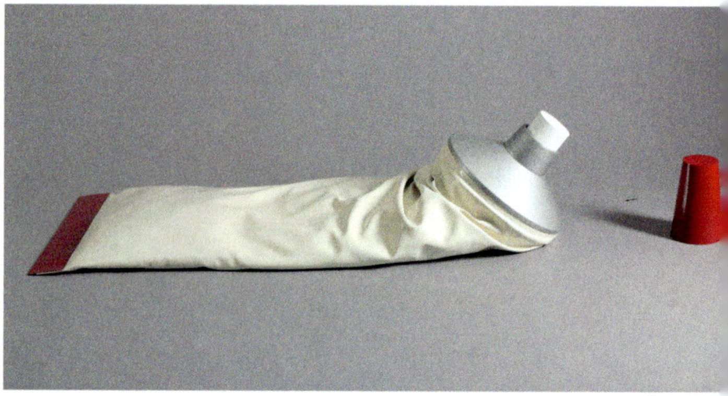

Das Porträt der Dinge

Dinge erzählen Geschichten und entwickeln manchmal eine Persönlichkeit, obwohl sie nicht zur lebendigen Welt gehören.

In neuem Licht

Oft sind ungewöhnliche Materialien und Fundstücke der Ausgangspunkt für neue Ideen und Kunstwerke. Aus Weggeworfenem entstehen neue Bilderwelten.

Alltagsdinge und Kunstobjekte

Tony Cragg: Palette, 1982 (Materialien: weiß bemalte Fundstücke, 236 x 310 cm)

Für den täglichen Gebrauch

Sitzgelegenheiten

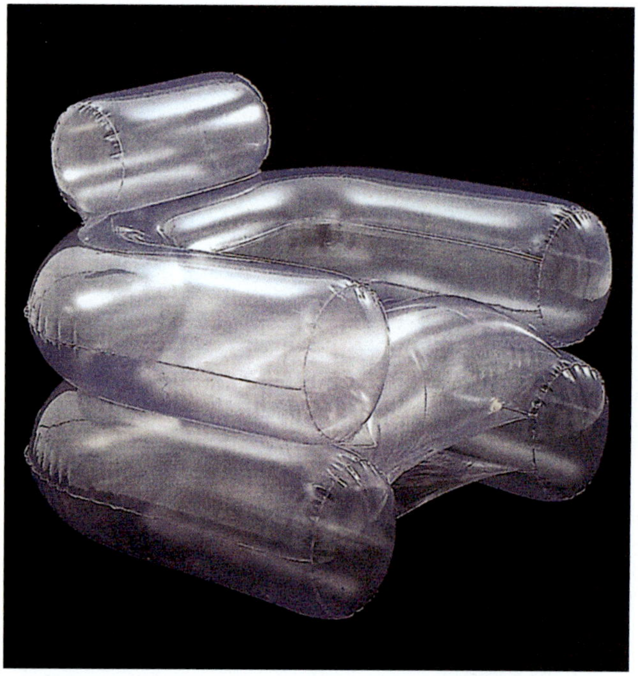

Jonathan de Pas, Donato D'Urbino, Paolo Lomazzi, Carla Scolari: Blow-Sessel, 1967

Alessandro Mendini: Prousts Sessel (bemalt), 1978

Ist es nicht erstaunlich, dass es so viele Formen von Sitzgelegenheiten gibt? Hier sind nur wenige von einer beinahe unendlichen Vielfalt abgebildet. Oder wäre es verblüffender, wenn es nur eine Art gäbe? Jedenfalls gibt es Möbel, die zu bestimmten Menschen passen.

- Bitte Platz nehmen! Welches dieser Möbel würdest du in dein Zimmer stellen?
- Beschreibe den typischen Besitzer der Möbel.

Traditioneller Stuhl aus Äthiopien

Die „gute Form“ ergibt sich aus dem Wesen des Gegenstands. (Max Bill)

Die Form folgt der Funktion. (Louis Sullivan)

Weniger ist mehr. (Ludwig Mies van der Rohe)

Die Form folgt den Gefühlen. (Hartmut Esslinger)

Joe Colombo:
Additional System, AJC. 0124, 1967/68

Auf der Suche nach Funktionen: Vergleicht die Eigenheiten der Sitzgelegenheiten auf dieser Doppelseite, z. B. die Art des Sitzens, die Bequemlichkeit, den Platzbedarf des Möbels, seine Langlebigkeit und Nachhaltigkeit, wie pflegeleicht es ist.
Auf der Suche nach ästhetischer Gestaltung: Beschreibe Farben, Formen und Materialqualität eines der Möbel.
Auf der Suche nach eigenen Lösungen: Entwirf zeichnerisch eine Sitzgelegenheit …

- für Irdische: Du sollst darauf sitzen oder liegen können und es soll eine weitere Funktion haben: Musikliege, Hausaufgabenstuhl usw.
- für Außerirdische: Die Fürstin eines fremden Planeten soll darauf thronen können, man soll ohne Schwerkraft darauf schlafen können usw.

Ein Möbel soll immer eine Funktion erfüllen, zum Beispiel das Sitzen, Thronen oder Liegen. Es soll aber auch zur Umgebung passen und schön sein. Was davon ist wichtiger: die Funktion oder das Aussehen? Diese Frage lässt sich weder eindeutig noch endgültig beantworten, für jede Situation muss ein Kompromiss zwischen beidem gefunden werden. Oben siehst du sinngemäße Aussagen berühmter Designer, die sich darüber Gedanken gemacht haben.

Pappkameraden

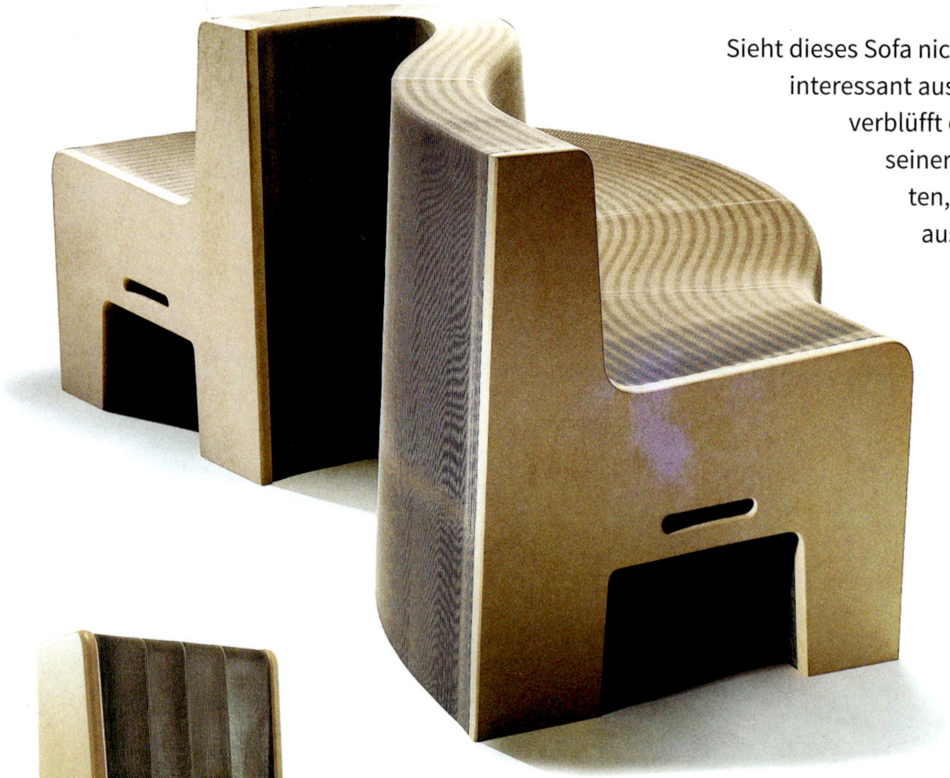

Sieht dieses Sofa nicht schon auf den ersten Blick interessant aus? Bei näherem Hinschauen verblüfft es aber noch einmal: mit seiner Machart und den Möglichkeiten, die es bietet. Es ist vollständig aus Pappe gebaut, aber nicht weniger stabil als ein Holzmöbel. Zwischen den Außenwangen ist die Pappe wie eine Ziehharmonika gefaltet. Dadurch ergeben sich sehr viele Nutzungsvarianten. Denke an Leute, die eine kleine Wohnung und viele Freunde haben.

- Eröffnet „Designbüros“ mit unterschiedlichen Farb- und Formstilen. Baut aus Papier und Pappe kleine Möbelmodelle in der Falttechnik. Beginnt mit einfachen Formen, z. B. Tischen oder Liegen.

Verpackungen aus den 1950er-Jahren …

Dem Design auf der Spur: Besorgt euch aktuelle Verpackungen der oben abgebildeten Produkte. Stellt einen Vergleich an: Was hat sich verändert, was ist gleich geblieben?

Ein Kinderspiel? Von wegen! Entwerft eine Umverpackung aus Pappe für drei Dosen. Betont ein Merkmal des Doseninhaltes, das sich gut vermarkten lässt: heiß, frisch, knackig …

Und was ist mit der Zweckfreiheit der Kunst? Wo hört kunstvolle Gestaltung auf und wo beginnt die unfaire Beeinflussung von Menschen?

Das Aussehen der Verpackungen oben galt zu ihrer Entstehungszeit als hochmodern, heute wirkt es nostalgisch. Woran erkennen wir eigentlich, dass ein Produkt nicht aus unserer Zeit stammt? Einfach gesagt an seinen Formen, Schriftarten und Farben. Aber wie genau unterscheiden sie sich von unseren heutigen Gestaltungen?

Alltag wird Kunst

Neue Zusammenhänge herstellen

Eine Galeriebesucherin fotografiert Andy Warhol: Campbell's Soup Cans, 1962

Gehören Suppendosen oder Bilder von ihnen ins Museum? Und warum malt der Künstler sie so oft? Eine hätte doch genügt. Andy Warhols Kunst wirft viele Fragen auf. Sie drehen sich rund um unsere industrielle Warenwelt.

Suppendosen sind Massenprodukte – in jeder steckt derselbe Geschmack. Warhol sah darin einen Wert für die Gesellschaft, den er an einem anderen Produkt so erklärte:

„Du siehst Coca-Cola im Fernsehen und kannst sicher sein, dass der Präsident sein Cola trinkt, dass Liz Taylor Cola trinkt – und du selber kannst auch ein Cola trinken! Coca-Cola ist und bleibt Coca-Cola, und für kein Geld der Welt kannst du irgendwo ein Cola herkriegen, das besser wäre als das, was der Penner an der nächsten Ecke trinkt. Es ist immer das gleiche Coca-Cola, und es ist immer gleich gut. Das weiß Liz Taylor, das weiß der Präsident, das weiß der Penner, und du selber weißt das auch."

- Hier wird das Einmalige gleich mehrmals vervielfacht: im Kunstwerk von Warhol und durch die Besucherin der Ausstellung. Diskutiert: Wie verändert sich unsere Wahrnehmung von Kunst, wenn wir sie im Internet und durch Fotografien unendlich kopieren und jederzeit betrachten können?
- Erinnert ihr euch an Situationen, in denen der positive Effekt, den Warhol beschreibt, in den Verlust des Wertes von Kunst umkippte?

Arman: Stegosaurus, 1978 (30 × 84 × 15 cm)

Auch der Künstler Arman war von Industrieprodukten und dem Prinzip der Wiederholung, das in ihnen steckt, fasziniert. Ob Werkzeuge, Maschinenteile oder Kannen – er ordnete sie neu an, goss sie mit Harz oder Beton aus, schweißte sie zusammen. Akkumulationen, also Anhäufungen, nannte er seine neue Kunstform.

- Du weißt natürlich, was ein Stegosaurus ist. Aber was hat ein Gabelschlüssel mit einem Dinosaurier zu tun? Bedenke, wie sich unsere Industrie im 20. Jahrhundert verändert hat.

Kleine Veränderungen

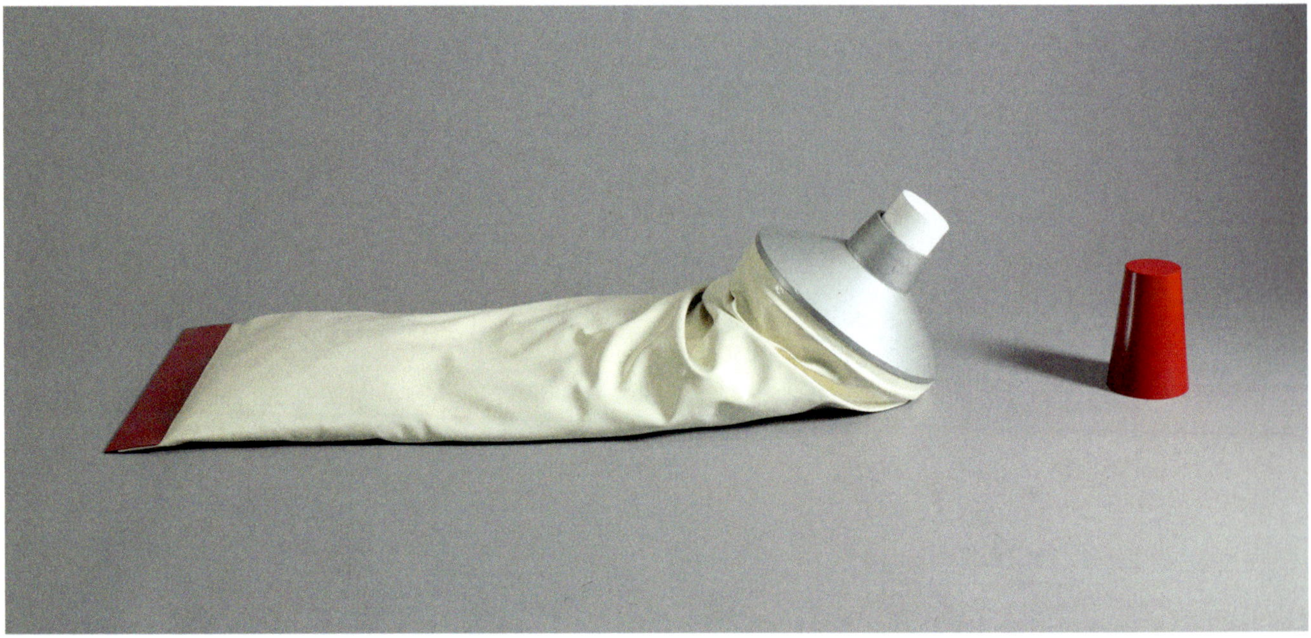

Claes Oldenburg: Riesige weiche Zahnpastatube, 1964 (43 × 167 × 65 cm)

Vor ungefähr 50 Jahren begannen Künstler in den USA und in England, sich mit den ganz alltäglichen Dingen des Lebens auseinanderzusetzen. Warum sich mit außergewöhnlichen, teuren Gegenständen beschäftigen und dabei die einfachen, billigen übersehen? Folgerichtig werden der Konsum, die Werbung und die Massenmedien zu neuen Themen in der Kunst, die später den Namen Pop Art erhält. Zwei berühmte Vertreter siehst du auf dem Foto: Andy Warhol und Claes Oldenburg (an der Seite seiner Frau).

Kunstideen aufgreifen:

- Ein großes Projekt: Näht Alltagsgegenstände aus Stoff und stopft sie aus.
- Ein einfaches Projekt: Sucht kleine, übersehene Dinge des Alltags. Fotografiert sie so, dass sie möglichst monumental wirken. Die besten Fotos werden stark vergrößert und ausgestellt.
  Tipp: Bei beiden Projektideen spielen die Sockel eine wichtige Rolle.

In neuem Licht

Verfremden

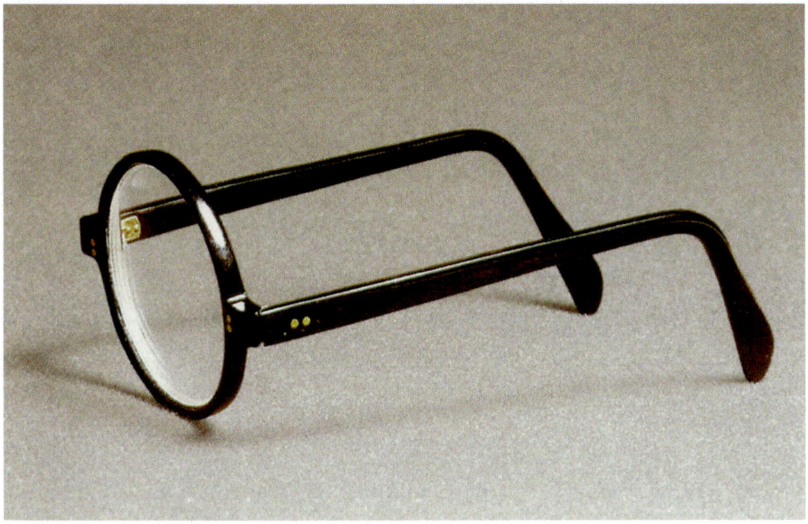

Marcel François Mariën: Der Unauffindbare, 1937

Man Ray: Geschenk, 1921 – 1974

Eine Brille für einen Einäugigen? Nein, kein Mensch könnte sie tragen. Wenn es aber keine Brille ist, was ist es dann?

Was fängt man mit einem solchen Geschenk an? Alltagsdinge und die Handlungen mit ihnen neu beachten!

Kunstideen weiterentwickeln:

- Fehlendes ergänzen: Wie könnte ein Kopf bzw. ein Gesicht aussehen, zu dem die Brille Mariëns passt? Zeichne oder arbeite ihn mit Ton heraus.
- Weiterdenken: Besorgt euch alte Kleidung und verändert sie so, dass sie mit dem „Geschenk“ gebügelt sein könnte.
- Das Prinzip nachmachen: Verändere einen Alltagsgegenstand durch einen kleinen Eingriff, sodass er seine Funktion nicht mehr erfüllen kann.
- Ausstellen: Für eine Ausstellung müsst ihr eure Kunstwerke mit den Vorlagen kombinieren.

Beleben

Meret Oppenheim: Eichhörnchen, 1969

Meret Oppenheim: Das Frühstück in Pelz, 1936

Witzige Einfälle hatte die deutsch-schweizerische Künstlerin und Dichterin Meret Oppenheim. Sie setzt hier das Prinzip der Verfremdung so ein, dass uns beim Betrachten der Objekte nach der ersten Überraschung unbehaglich wird. Um sich dieses Gefühl bewusst zu machen, musst du das Spiel aufgreifen, das Oppenheim dir anbietet: Stelle dir vor, du würdest ihre Kunstobjekte so verwenden, wie du es mit alltäglichen Dingen tust.

Verfasse einen kurzen Text: Kalt draußen! Der heiße Tee dampft in der Kanne, das Honigglas steht bereit. Ich setze mich auf das Sofa und gieße …

Wie fühlen sich eigentlich Gebrauchsgegenstände an? Das ist uns meistens nicht bewusst, aber wir nehmen es immer wahr. Macht euch auf die Suche nach der „Haptik des Alltags".

- Wählt einen Gegenstand aus (Handy, Stift, Buch, Trinkflasche usw.) und tragt verschiedene Varianten davon zusammen.
- Erfühlt die Oberflächen und beschreibt deren Qualitäten: weich/hart, warm/kalt, glatt/rau, wertig/billig …

KUNST LEBT VON IDEEN!

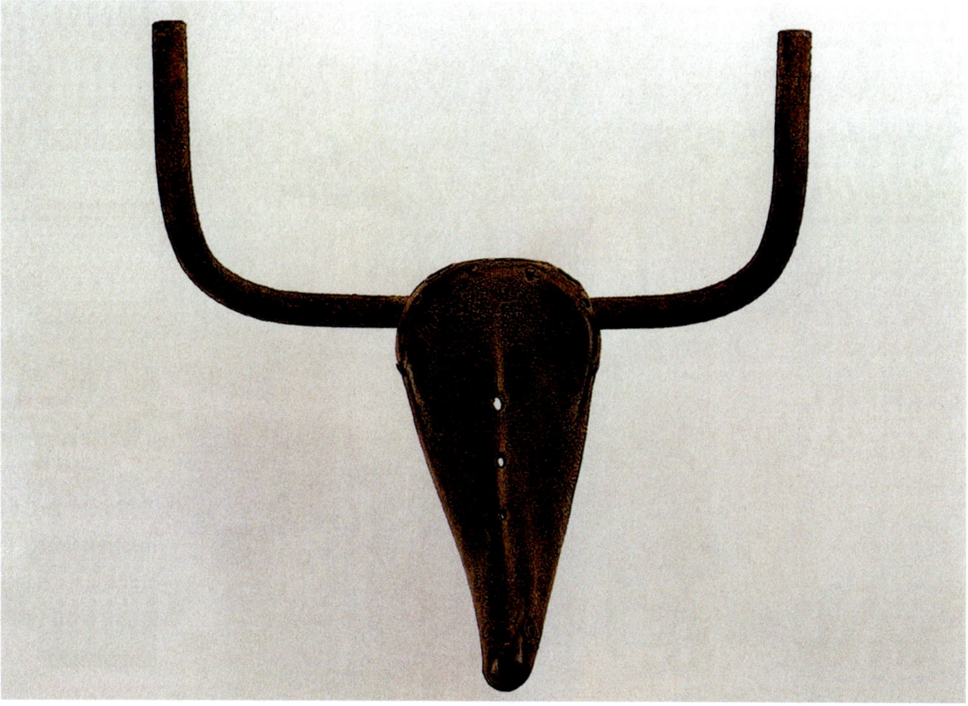

Picasso: Stierschädel, 1942
(Höhe 41 cm)

„Beim Malen bedeutet ‚Suchen' meiner Ansicht nach gar nichts. Auf das Finden kommt es an." Diese berühmt gewordene Aussage Picassos ist ein bisschen hinterhältig. Warum? Weil er ein unvorstellbar großes künstlerisches Werk geschaffen hat, und das soll ohne Suchen gegangen sein? Du sollst hier im KUNSTBUCH oft nach Lösungen suchen, eine Aufgabe hartnäckig verfolgen oder etwas genau untersuchen. Würde Picasso dem widersprechen? Sicher nicht, denn er musste selbst jahrelang intensiv *suchen*, bevor er so offen und befreit *finden* konnte. Ohne fleißiges Üben klappt das nur in Ausnahmefällen. Auf der anderen Seite verblüffen gerade Kinder, die noch nicht viel üben konnten, mit Zeichnungen und Malereien, die neben den berühmtesten Kunstwerken bestehen können. Wie kann das sein?

Finden und suchen: Lasst euch von Erwachsenen Kinderzeichnungen oder -malereien geben, die ihnen besonders gefallen. Präsentiert sie ansprechend und diskutiert darüber, was sie so besonders macht.

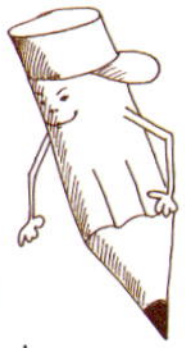

Suchen und finden: Suche bei dir zu Hause Gegenstände, die nicht mehr gebraucht werden. Baue daraus ein seltsames Tier. Folgende Möglichkeiten der Gestaltung und Verfremdung hast du: Hervorheben bestimmter Teile durch Farbe, Überziehen mit einer Nylonstrumpfhose, Betropfen mit Wachs, Bewachsenlassen mit Kresse- oder Grassamen …

Sujet: Verfremdung

Fundstücke

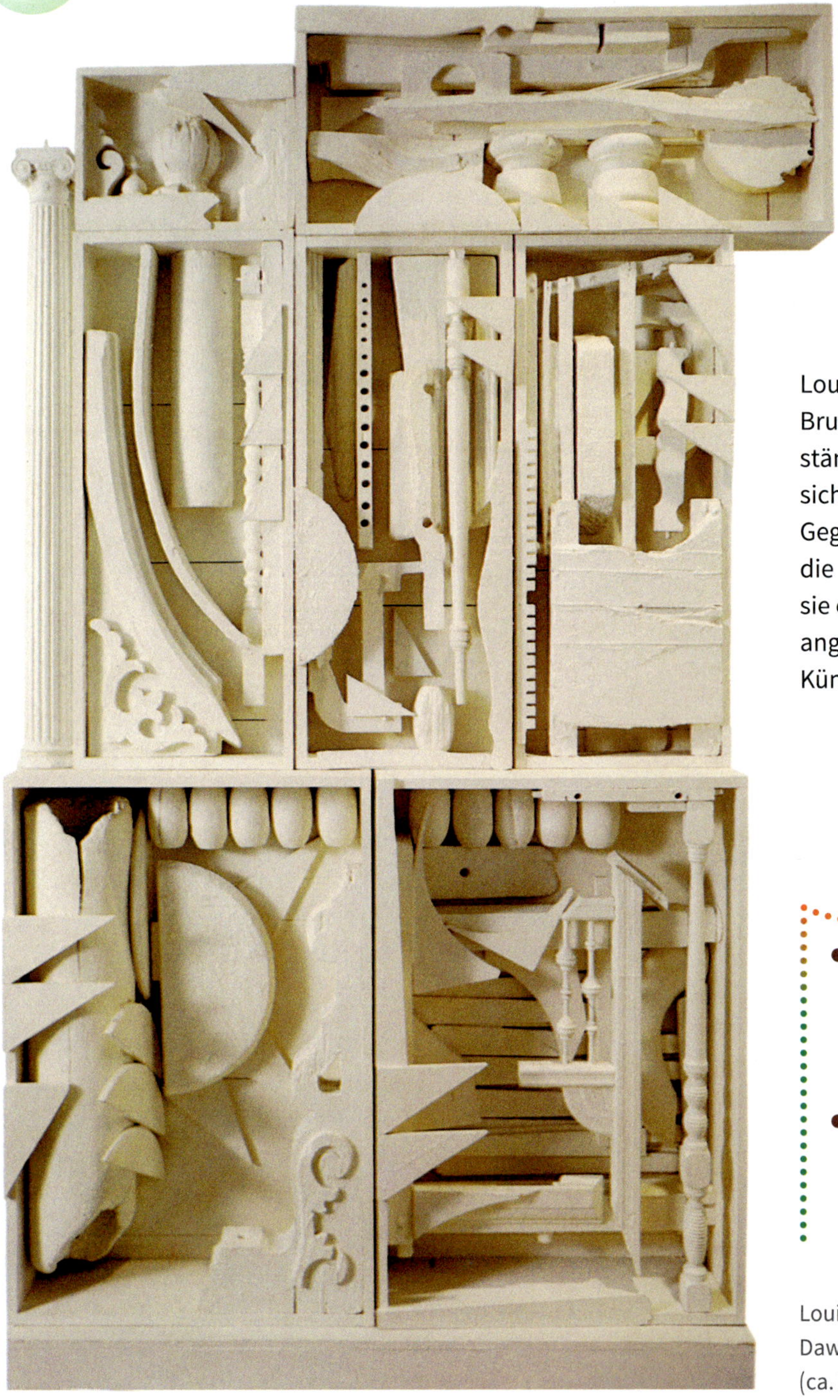

Louise Nevelson hat für ihre Skulptur Bruchstücke von Alltagsgegenständen verwendet. Sie interessiert sich vor allem für die Form dieser Gegenstände und nicht für die Funktion. Für ihre Arbeit hat sie eine große Materialsammlung angelegt – wie viele andere Künstler auch.

- Beschreibe, nach welchen Ordnungsprinzipien die Künstlerin die Einzelteile angeordnet hat.
- Stelle dir die Skulptur unbemalt vor und vergleiche: Was bewirkt die Farbe?

Louise Nevelson:
Dawn's Wedding Chapel I, 1959
(ca. 240 × 125 × 27 cm)

Auch Tony Cragg arbeitet mit Fundstücken aus dem Alltag, die er zerteilt und neu zusammensetzt. Bei ihm entstehen aber nicht vom ursprünglichen Zweck losgelöste Formen. In seinem „Selbstbildnis" stellt er die Frage, inwieweit wir uns über die Gegenstände, die wir nutzen, als Person darstellen.

- Sammelt Werbung, in der das Produkt zusammen mit Personen abgebildet ist. Sucht Antworten auf Craggs Frage.
- Zerlegen und neu anordnen: Lasst euch von Craggs Kunstwerk anregen.

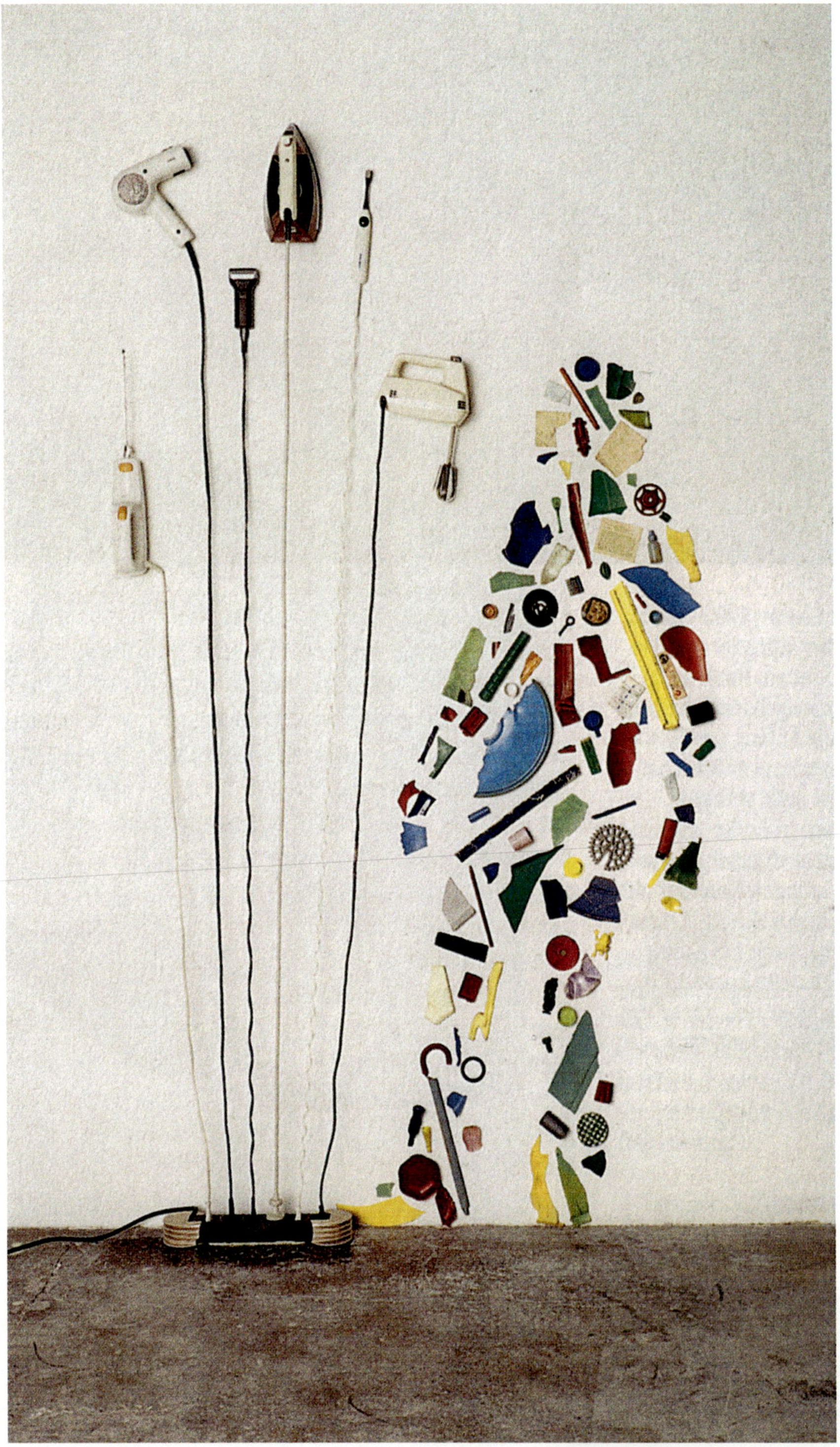

Tony Cragg: Selbstbildnis mit sechs Haushaltsgeräten, um 1980 (ca. 221 × 173 cm)

Museum der Dinge

Daniel Spoerri: Restaurant Spoerri au Jeu de Paume, 2002 (Durchmesser 150)

Für Daniel Spoerri erzählen Dinge Geschichten. Er montiert sie so, wie er sie vorfindet, auf einem Brett. Auf diese Weise macht er die Beziehungen sichtbar, die während eines gemeinsamen Essens entstehen. Er zeigt so etwas wie eine „Choreografie" eines Festes.

- Stell dir vor, du willst ein ähnliches Bild herstellen wie Spoerri. Welche Probleme treten auf?
- Überlege, welche Personen hier zu welchem Anlass ein Festessen abgehalten haben. Denke dir Namen für die Beteiligten aus und erzähle die Geschichte. Baue Elemente der Assemblage geschickt in deine Geschichte ein.

In Naturkundemuseen werden Insekten, ausgestopfte Tiere und Mineralien in Schaukästen gezeigt. Sie dienen der Zurschaustellung für wissenschaftliche Zwecke. So entsteht eine Art Lexikon aus realen Objekten.
Im 20. Jahrhundert haben Künstler Schaukästen als eine neue Art von Rahmen entdeckt – für Bilder aus Dingen. Geht man durch das Naturkundemuseum vorwiegend mit dem Verstand spazieren, so braucht man in der Kunst den Verstand und die Fantasie.

Joseph Cornell: Ohne Titel (The Hotel Eden), 1945 (38,4 × 40 × 12 cm)

- Worin unterscheiden sich die künstlerischen Schaukästen von Oppenheim und Cornell von denen aus einem Naturkundemuseum?
- „Indizienkisten“
  Die Dinge im Schaukasten als Hinweise auf einen geheimnisvollen Kriminalfall?
  Beachte die Titel: Beim „Frieden von Campo Formio“ spielte ein Geheimvertrag eine wichtige Rolle. Dazu findest du Informationen im Internet. Kann man sich im „Garten Eden“ in einem Hotel einmieten? Wie hoch mag dort der Zimmerpreis sein?
  Stelle den Kriminalfall in einer Collage dar.

Meret Oppenheim: Libelle Campoformio, 1972 (28 × 41 cm)

Pablo Picasso: Landschaft mit Schiffen, 1930 (26,5 × 36 × 7 cm)

- Genau hinschauen: Welche Fundstücke und Materialien entdeckst du? Und was wurde eigens angefertigt? Wie wurden die Elemente des Reliefs bearbeitet?
- Sich inspirieren lassen: Archäologische Ausgrabungen
  Du brauchst Gegenstände, die als archäologische Fundstücke Hinweise auf das Leben in einer in Vergessenheit geratenen Kultur geben könnten. Kombiniere sie mit selbst hergestellten Elementen zu einer Collage, die eine Ausgrabung zeigt.
  Die Wirkung hängt stark davon ab, wie gut es gelingt, den Verwitterungszustand nachzuahmen. Hier musst du erfinderisch sein!

Welche Alltagsgegenstände unserer Eltern und Großeltern sind heute fremd?

Das Porträt der Dinge

Einzelne Gegenstände im Bild

Konrad Klapheck stellt vorzugsweise einzelne Gegenstände dar: eine Bohrmaschine, eine Schreibmaschine oder eine Nähmaschine, ein Bügeleisen oder einen Wasserhahn. Die Gemälde sind meistens fast so groß wie ein Mensch, sie wirken monumental.

- Projiziert das Bild so, dass es in seiner Originalgröße zu sehen ist. Stellt euch direkt davor: Was empfindet ihr?
- Untersuche Klaphecks Gestaltungsmittel: dargestellte und weggelassene Details, Darstellung der Oberfläche, Ansicht.

Konrad Klapheck: Die Macht des Vergessens, 1968 (155 × 110 cm)

Wayne Thiebaud: Kaugummi-Automat, 1963 (66 × 80 cm)

Wayne Thiebaud hat eine Reihe von Bildern gemalt, die sich mit dem Thema „Süße Dinge“ beschäftigt. Die Gegenstände scheinen einen individuellen Charakter zu haben. Er ergibt sich nicht nur aus dem „Gesicht“, sondern auch aus den Farben und der Qualität der Oberfläche.

aggressiv

nachdenklich

gemein

Mache ein Gedankenexperiment: Die Gegenstände auf der Doppelseite sollen Personen darstellen. Beschreibe ihre Eigenschaften.

William Eggleston: Tafel Nummer 22, 1969/1970

mächtig

traurig

fröhlich

Der Fotograf William Eggleston fotografierte das Dreirad nicht spontan, sondern inszenierte es. Durch die Auswahl der Ansicht und der Größenverhältnisse zwischen Gegenstand und Hintergrund erzielt er die von ihm beabsichtigte Wirkung.

Stelle einen Gegenstand dar, der eine extreme Stimmungslage verkörpert. Setze dabei Farben gezielt ein, um die Wirkung zu verstärken.

Ansichtssache(n)

Caspar Sänger: Morgens, Übergabe auf der Tischecke, 2008 (Fotomontage)

Caspar Sänger berichtet über seine Absichten zur Fotomontage, die er als Achtzehnjähriger hergestellt hat: „Ich wollte einen dramatischen Showdown wie im Kino. Mit ‚Hubschrauberkamera'. Es sollte realistisch wirken. Das eine Bild hab' ich mal bei einem Ausflug nach Frankfurt gemacht – das mit den Figuren zu Hause bei mir auf dem Tisch."
Das Foto von Caspar Sänger wurde mit dem „Deutschen Jugendfotopreis" ausgezeichnet. An diesem großen, vom Bundesjugendministerium geförderten Wettbewerb können sich alle Hobbyfotografen bis zum Alter von 25 Jahren beteiligen. Wäre das auch etwas für euch?
www.jugendfotopreis.de

Vorübung: Übe, Dinge so zu fotografieren, dass sie sehr klein oder groß wirken. Dabei kannst du folgende Tricks einsetzen:

- Vogel- oder Froschansicht auswählen,
- aus der Nähe oder von fern fotografieren,
- geringe Schärfentiefe einstellen, sodass die Hauptsache scharf und der Hintergrund deutlich unscharf ist,
- mit hellem Licht beleuchten, sodass sich Schlagschatten ergeben.

Slinkachu: Der Schlupfwinkel, 2008

Anwendung: Mache aus kleinen Dingen ganz große!

- Variante 1: Zeichnerisch überarbeitete Fotografie
  Fotografiere einen kleinen Gegenstand so, dass er riesig wirkt. Zeichne kleine Figürchen in das Foto, die ihn als Bergsteiger erklimmen und von oben mit dem Fallschirm abspringen …
- Variante 2: Fotomontage
  Erstelle eine Fotomontage aus dem Foto einer Person und einem Gegenstand, bei dem die normalen Größenverhältnisse umgekehrt sind.

„Der Schlupfwinkel“ ist keine Fotomontage, sondern eine inszenierte Fotografie. Die Spielfiguren wurden in die Zigarettenschachtel gestellt und abfotografiert. Die Ansicht wurde so gewählt, dass die Schachtel groß wirkt. Die Beleuchtung ist so eingesetzt, dass sich bestimmte Schattenwürfe ergeben. Schwierig ist, die Schärfe so einzustellen, dass die Szenerie sehr tief wirkt.

Die Bedeutung hinter den Dingen

Pieter Claesz: Vanitas-Stillleben, 1653 (91,5 × 113 cm)

Der Tod – ein eigenartiges Bildthema? Überhaupt nicht! Im Zeitalter des Barock wurden viele Bilder gemalt, die sich mit dem Tod auseinandersetzen. Nur wenige Menschen wurden damals älter als vierzig Jahre. Zahlreiche Kriege und die fürchterliche Pest sorgten dafür, dass der Tod allgegenwärtig war.
Die dargestellten Gegenstände werden auch als Vanitas-Symbole bezeichnet.

Der Maler verschlüsselt in dem Stillleben Botschaften an den Betrachter:

- Das Leben verstreicht langsam, aber stetig.
- Du sollst nicht zu viel Wert auf die Schönheit legen, sie ist vergänglich.
- Nach dem Tod bleibt von unserem Körper nichts Wertvolles übrig. Unsere Gedanken aber können überleben.

Finde die Bildgegenstände, die diese Botschaften symbolisieren, und übersetze andere Gegenstände in passende Aussagen.

Georg Flegel: Dessert-Stillleben, undatiert (22 × 28 cm)

Georg Flegel malte das Bild in einer Zeit, als die Religion im Leben der Menschen eine sehr große Rolle spielte. Auch hier haben die Gegenstände eine versteckte symbolische Bedeutung. Papagei und Maus stehen für den Kampf zwischen Gut und Böse. Die Weintrauben sollen auf das Göttliche verweisen. Die Nelke wird als Hinweis auf den Kreuzestod von Jesus gedeutet. Die Münzen könnten auf Judas Ischariot hinweisen: Er bekam Geld dafür, Jesus zu verraten. Die Walnuss gilt als Symbol für Christus.

- Entschlüssele die Bedeutung des Bildes „Dessert-Stillleben". Was will der Künstler damit über das „süße Leben" sagen?
- Überlege, welche ausgewählten Gegenstände für das Leben deiner Großeltern, deiner Eltern oder für dein Leben besonders typisch sind. Male ein Stillleben, das sich aus Gegenständen der drei Generationen zusammensetzt.

Sein und Schein
• Porträts sind keine Passfotos
• Cool - hot
• Mehr draus machen
• Ein Foto - viele Bilder
Mutationen
• Viele Fotos - ein Bild
• Auf den zweiten Blick ...
Dem Gesicht auf der Spur
•Gesicht pur
• die Mimik macht's
• Proportionen
•Fratzen
Zeitzeugen
• Selbstporträts und ihre Zeit
• Im Heute neu
• Das Drumherum und Obendrauf

Köpfe

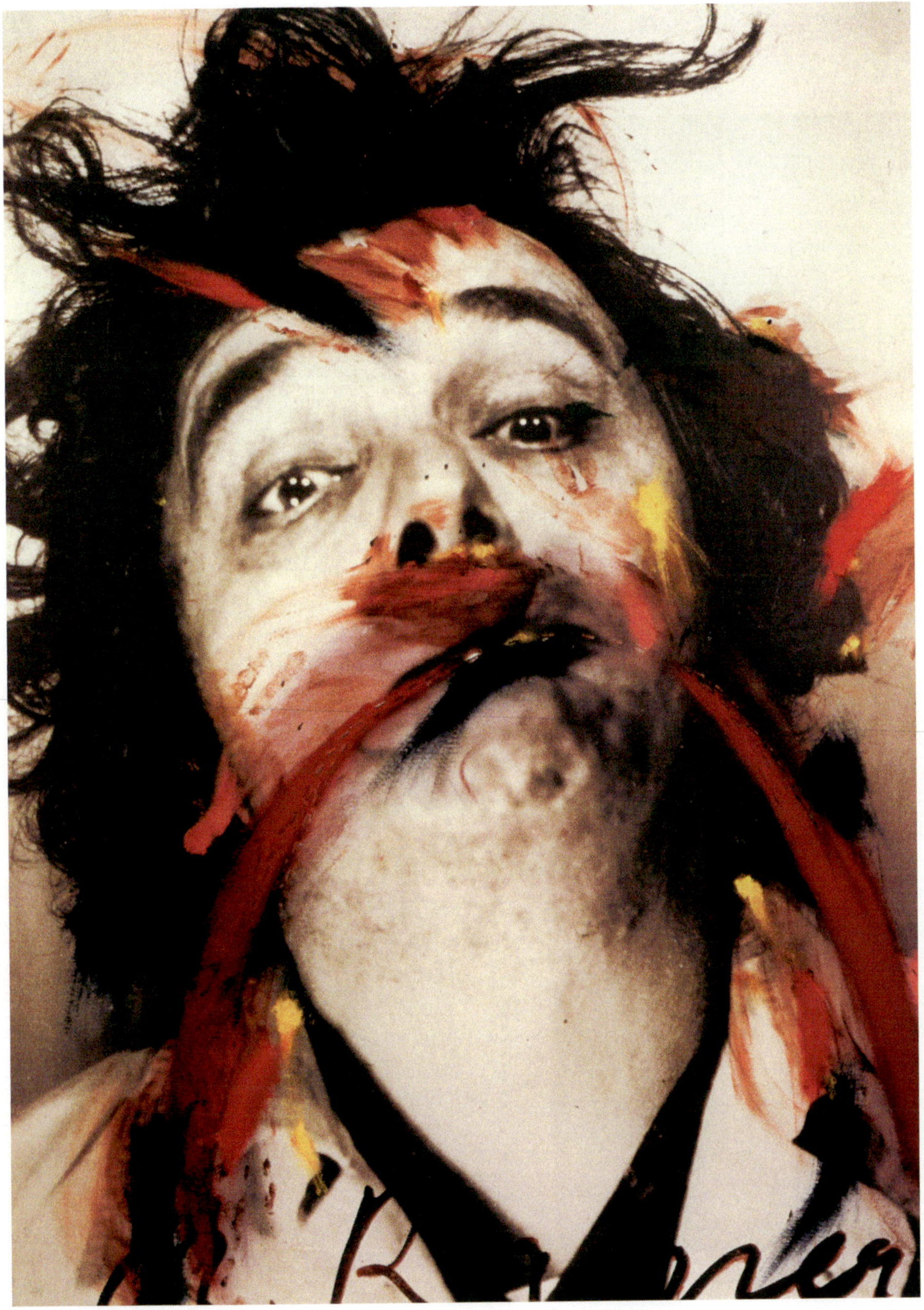

Arnulf Rainer: Angst, 1969 – 73
(120 x 88 cm)

Sein und Schein

Porträts

August Sander: Konditor, 1928

Du denkst bei einem Konditor an Zuckerguss und Leckereien? Der Fotograf August Sander zeigt anderes: weniger das Porträt einer Person als der Gesellschaft, in der der Konditor sein Leben bestritt.
Du denkst bei einem Foto an einen Schnappschuss? Sander ging anders vor. Er plante dieses „Gesellschaftsporträt“ ganz bewusst. Du findest, das Foto sieht gar nicht so aus?

- Beschreibe zunächst die Wirkung, die das Foto bei dir erzeugt. Achte besonders auf Haltung und Gesichtsausdruck des Konditors. Welches Bild seines Berufs vermittelt er?
- Suche weitere Fotos von Sander. Was erzählen sie über die Berufe und die Menschen, die sie ausüben?
- Vergleiche Sanders Fotos mit aktuellen Darstellungen von Menschen in Berufen.

Anton Corbijn: Clint Eastwood, Cannes 1994

Anton Corbijn: Danny DeVito, Burbank 1999

Bei diesen drei Fotos steht nicht der Alltag im Vordergrund, sondern Stars. Sie verraten wenig von ihrer Persönlichkeit, aber viel über die Charaktere, die sie in ihren Filmen verkörpern.

Philippe Halsman: Marilyn Monroe, 1952

Welchen Filmgenres sind die drei Schauspieler zuzuordnen?
Untersuche Bildausschnitt, Bildaufbau und Pose der Stars: Wie werden auf den Fotos diese Genres betont?

Porträts sind keine Passfotos

Solche Familienporträts kennst du sicher. Man will ein ganz persönliches Geschenk für die Familie oder ein individuelles Stück fürs Familienalbum. Niemand bestimmt, wie sie aussehen sollen, und doch ähneln sie sich am Ende irgendwie.
Passbilder sehen auch alle ähnlich aus, diesmal aber, weil es genaue Vorgaben des Staates gibt. Ziel ist dabei, dass eine Person sicher identifiziert werden kann – und zwar auch automatisch von einer Software.

- Schau dir alte Familienporträts an und beobachte, wie sich diese im Laufe der Generationen verändert haben. Überlege, wie sich der Anspruch an Familienporträts gewandelt hat.
- Recherchiere nach den Vorgaben für ein biometrisches Passbild und nach den Gründen, warum es genau so aussehen muss.
- Mit Vorgaben spielen:
  Vorschlag 1: Erstelle eine Reihe mit Passfotos, bei der du immer eine der offiziellen Vorgaben durch eine möglichst entgegengesetzte Gestaltung ersetzt.
  Vorschlag 2: Mache ein biometrisches Passfoto von deiner Clique. Du darfst nur das Format in der Breite ändern. Ihr werdet viel Spaß haben!
  Vorschlag 3: Welche Ideen hast du?

Cool – hot

- Sammelt Porträts eurer Stars und beschreibt sie mit Adjektiven (lässig, aggressiv, mädchenhaft, verträumt …).
- Lernen durch Nachahmen:
  Ich wäre so gern ein Star! Stellt mithilfe von Accessoires, Schminke, Körperhaltung, Gesichtsausdruck usw. das Posing eines Stars nach. Beachtet die Kameraposition, den Bildausschnitt, das Licht und die Scharfstellung und fotografiert.
- Abstand nehmen:
  Wie viel Persönlichkeit bleibt nach so viel Inszenierung übrig? Was bedeutet das für die Menschen hinter den Stars?

Pink setzt sich selbst in Szene.

Anton Corbijn setzt Billy Idol in Szene, 1990.

Porträts begegnen uns überall. Wir finden sie in Zeitungen und Zeitschriften, auf Covern oder Homepages. Sie lächeln uns von Postern an den Zimmerwänden zu. Cool oder lässig, ernst oder wütend, divenhaft oder rebellisch – ganz dem Image entsprechend, das verkörpert werden soll. Aber wer inszeniert hier: der Fotograf, eine Werbeagentur oder die Stars selbst?

Mutationen

Drunter und drüber

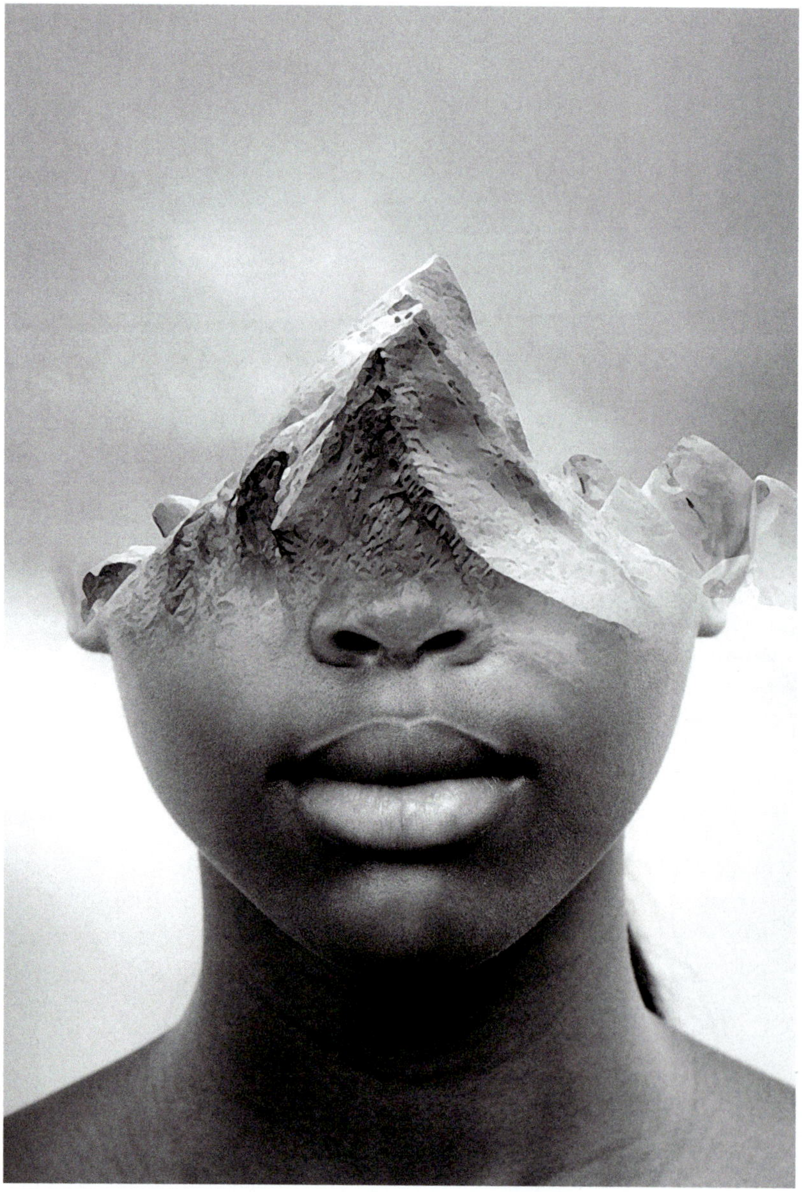

Antonio Mora: Pairing, 2014

Inszenierungen können auch nachträglich erfolgen. Einige Apps machen das automatisch – witzig, aber nicht besonders kreativ. Künstler wie Antonio Mora nutzen Bildbearbeitungsprogramme, um ihre eigenen Ideen umzusetzen. Er hat für „Pairing“ aus einem Porträtfoto Teile digital ausgeschnitten, ein zweites Foto in eine neue Ebene eingefügt, davon ebenfalls Teile entfernt, Helligkeit, Farbe und Textur angeglichen und die Übergänge weichgezeichnet.

- Zuerst vertraut machen: Sucht die oben beschriebenen Funktionen in einem Bildbearbeitungsprogramm und „spielt“ mit den Einstellungen.
- Und dann einsetzen: Fügt Fotos in zwei unterschiedliche Ebenen ein. Schneidet Teile so aus, dass sich ein neues Gesamtbild ergibt. Überarbeitet die Übergänge, bis man sie möglichst nicht mehr erkennt. Wenn ihr euch gegenseitig helft, werden die Ergebnisse besser.
- Am Ende ausstellen: Überlegt, ob ihr die Fotocollagen ausdrucken und rahmen wollt oder ob ihr eine Seite auf der Homepage eurer Schule gestaltet.

Kaum zu glauben: Als Arnulf Rainer seine „Face Farces“ erfand, gab es noch keine Computer in Privathaushalten. Können wir uns das heute überhaupt noch vorstellen? Damals kamen Fotoautomaten in Mode, in denen man günstige Passfotos machen konnte. Rainer entfremdete sie für seine Zwecke: An einem Automaten am Wiener Bahnhof fotografierte er sich – du weißt vielleicht, dass man nie genau vorhersehen kann, wann das Foto „geschossen“ wird. In einem Labor ließ er große Abzüge herstellen und griff mit Pinsel und Stiften ein. So konnte er den Ausdruck verstärken und verändern. Auch wenn es verwunderlich klingt: Es braucht Mut, sich so unvorteilhaft zu fotografieren, Fotos von sich selbst zu übermalen und die Ergebnisse auszustellen.

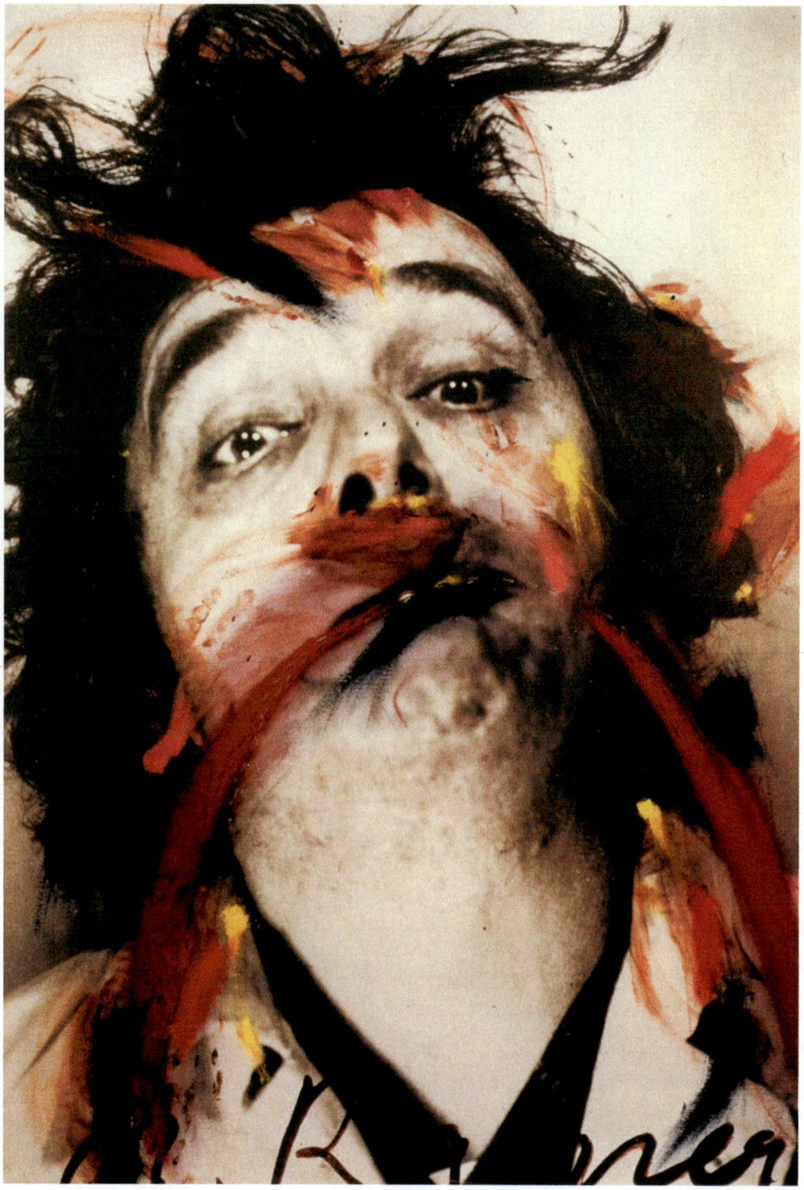

Arnulf Rainer: Angst, 1969 – 1973 (120 × 88 cm)

Untersuche das Bild „Angst“: Woran erinnern die Farben? Wie wirken die Farbspuren? Wie verändert sich dadurch die inhaltliche Aussage des Bildes?

Mehrere Fotos – ein Bild

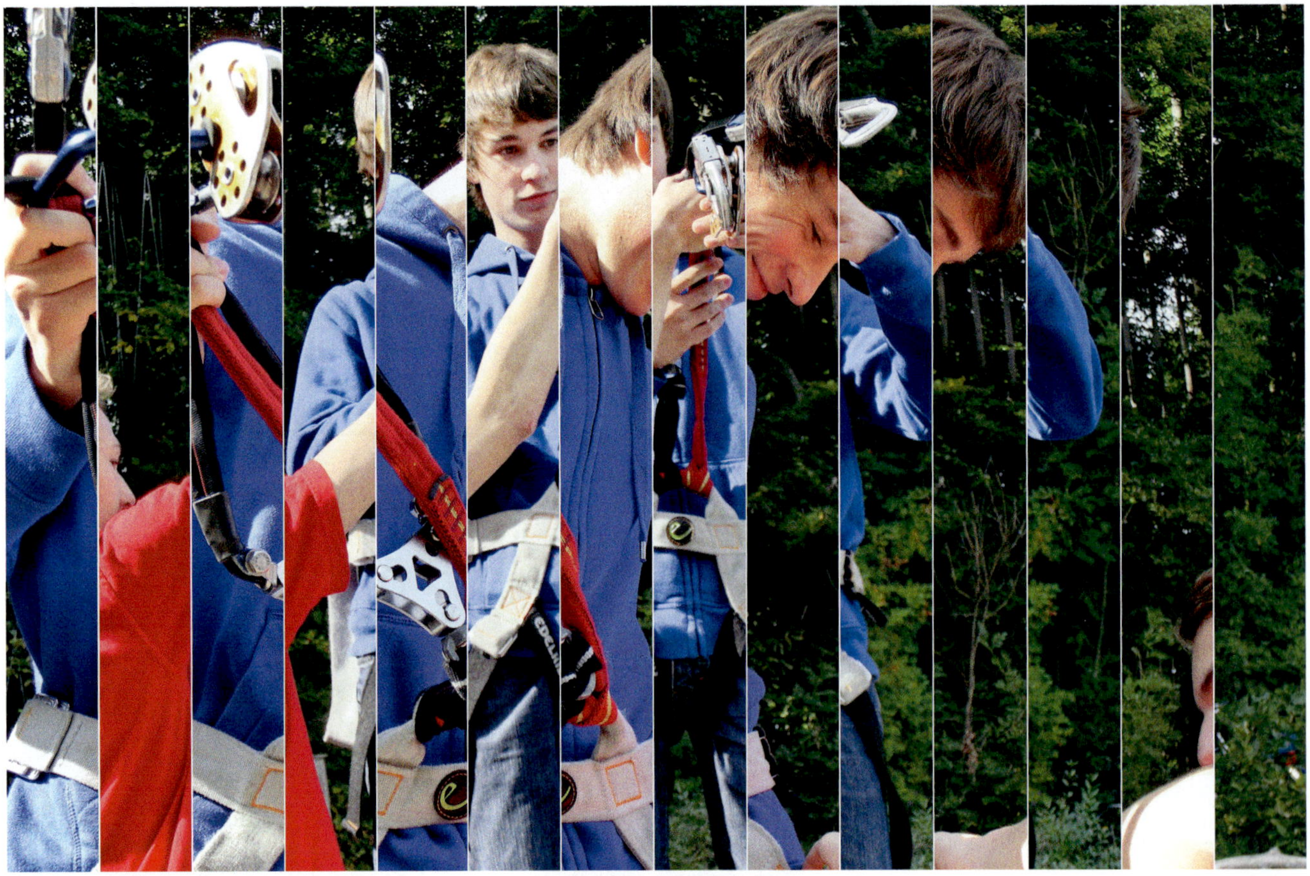

Anders als auf den vorherigen Seiten wird hier aus zwei Fotos ein einziges Bild zusammengesetzt. Für solche Rollagen kann man ein Bild verdoppeln, zwei ähnliche oder ganz unterschiedliche Bilder ineinanderweben – die Möglichkeiten sind vielfältig.

Experimentiere:

- Formal: Zerlegen in Streifen, Quadrate, Ringe; unterschiedliche Streifenbreite, Anordnung …
- Inhaltlich: mehrere Freunde, Generationen, Gegensatzpaare …

Wichtig: noch nicht aufkleben, sondern weiterlesen!

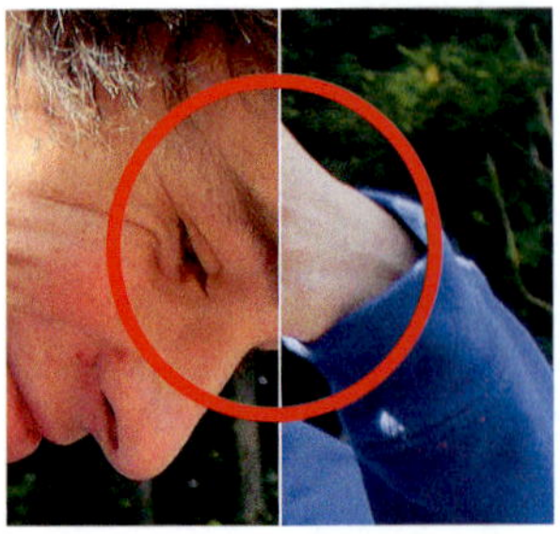

Interessante und witzige Effekte lassen sich auch in Faltbildern erzeugen. Hier wurde nichts geschnitten oder geklebt, sondern mehrfach hin- und hergefaltet.

Gezielt gestalten:
Lasse an möglichst vielen Stellen Linien oder Kanten ineinander übergehen, wie du es in dem Ausschnitt links siehst.
Bei ganz unterschiedlichen Vorlagen kannst du Farben und Helligkeit vereinheitlichen, indem du Schwarz-Weiß-Kopien erstellst und damit weiterarbeitest.

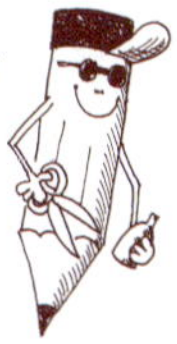

Ein Foto – viele Bilder

Ein Foto – viele Variationen.
Ein Mensch – viele …? Was ist Maske, was ist Image, was die echte Person?

> „Ich weiß nicht, wo das Künstliche aufhört und das Wirkliche anfängt.“
>
> Andy Warhol

Warhol arbeitete mit dem Siebdruckverfahren, weil es damals den Massenmarkt der Medien eroberte. Heute würde er vermutlich zur digitalen Bildbearbeitung greifen.

Andy Warhol: Selbstbildnis, 1966

Grafik: Siebdruck

Die Zusammenfassung von ähnlich hellen oder dunklen Farbverläufen zu Farbfeldern nennt man auch Tonwerttrennung. Nachdem Warhol sie erzeugt hatte, färbte er die Farbfelder so ein, dass sich jeweils andere Wirkungen ergeben.

Gestaltet ein Gemeinschaftsporträt (z. B. zum Namensgeber eurer Schule) nach dem Prinzip der Rastervergrößerung und Tonwerttrennung. Um die Farben gezielt auswählen zu können, solltet ihr einen Farbkatalog zu verschiedenen Stimmungen erstellen.

Auf den zweiten Blick

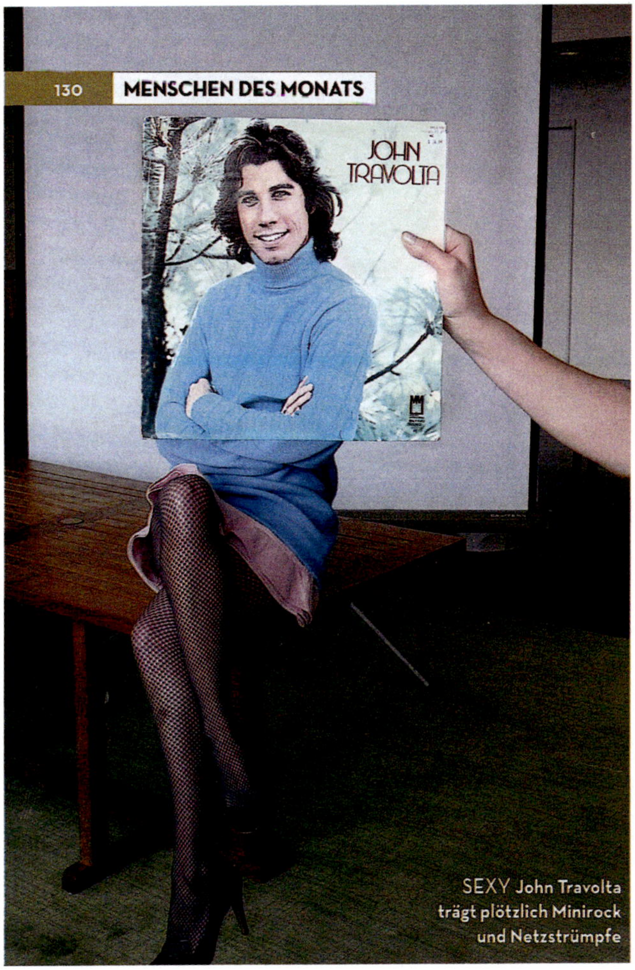

SEXY John Travolta trägt plötzlich Minirock und Netzstrümpfe

PROVOKANT Durch diese Inszenierung bekommt das Cover des 50er-Jahre-Duos eine neue Bedeutung

In Pisa den „Schiefen Turm“ abstützen, den Eiffelturm in Paris zwischen den Fingern halten, den Mond auf eine Eistüte setzen: Die Liste mit surrealen, irritierenden und witzigen Kombinationen eigentlich nicht zusammenpassender Motive und Größen könnte man ewig ausweiten. Warum also nicht einmal ausprobieren, wie sich ein anderer Kopf so trägt?

Plattencover, Poster, Titelseiten, Werbeanzeigen: Schafft witzige, irritierende Motivkombinationen. Es empfiehlt sich, in der Gruppe zu arbeiten, um die passende Position und Perspektive zu finden. Ihr könnt auch Software am Computer nutzen. Dann müsst ihr mit verschiedenen Ebenen und Masken für die unterschiedlichen Motive arbeiten.

Viele Abbildungen in den Medien wirken „echt“ und wurden doch digital verändert. Es beginnt mit kleinen Korrekturen: Unreine Haut wird glatt und rosig, rote Augen werden bearbeitet.
Es geht aber noch viel mehr!

Mensch oder Mutation?

Diese Wirkung entsteht durch den Gegensatz von Unmöglichem und fotografischer Genauigkeit. Schon mit recht wenigen Schritten lassen sich Fotografien mit Grafikprogrammen am PC verändern: ausschneiden, verdoppeln, verzerren.

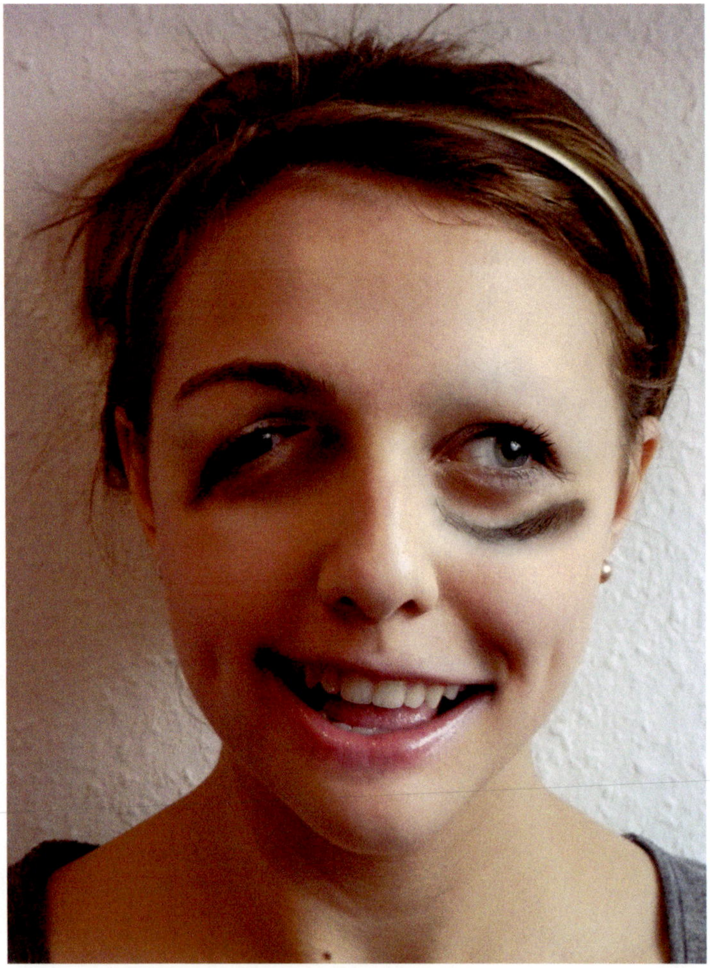

Schülerarbeit

- Teste die Funktionen eines Grafikprogramms an einem Bild von dir selbst.
  Tipp: Schwarz-Weiß-Fotos und Bilder mit großen Kontrasten lassen sich besser mutieren, da die Übergänge nicht so genau sein müssen. Um Übergänge zu vertuschen, ist das „Verwischen“ eine hilfreiche Funktion.

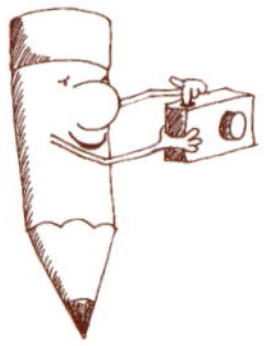

- Erstelle mehrere Mutationen von einem Ausgangsfoto. Gib deiner Serie eine Überschrift. „Von der Schönen zum Biest“ …

Dem Gesicht auf der Spur

Gesicht pur – Proportionen

Alberto Giacometti: Selbstporträt, 1969 (50 × 32 cm)

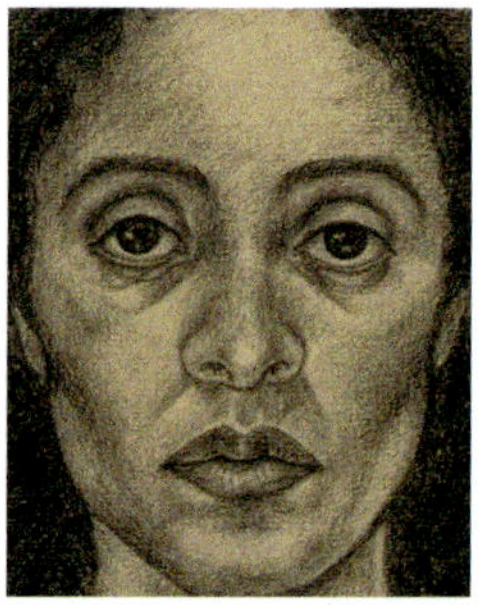

Adrian Piper: Selbstporträt unter Übertreibung meiner negroiden Züge (Ausschnitt), 1981 (25,4 × 20,2 cm)

Wenn man nur so zeichnen könnte wie die Profis! Warum das so schwer ist? Das erste Problem: Man neigt dazu, weniger das zu zeichnen, was man sieht, als das, was man weiß: Punkt, Punkt, Komma, Strich – fertig ist das Mondgesicht. Das einzige Gegenmittel: Üben!

- Halbiere den Schwarz-Weiß-Ausdruck eines Porträts längs. Ergänze die Umrisslinien der fehlenden Gesichtshälfte, indem du Abstände und Größen ausmisst und dann zeichnest.
- Beschreibe dann die Proportionen des Gesichts (die Lage von Nase, Mund und Augen, Haaransatz, Hals, Kinn und Kopfende) mit Begriffen wie Viertel, Mitte, Hälfte, Drittel, Mittelachse … Vergleicht eure Beschreibungen.
- Zeichne das Selbstporträt von Piper ab und ergänze es um die fehlenden Teile des Kopfes. Bei Giacometti kannst du gut erkennen, wie sich die Haare als eigenes Volumen um den Kopf legen.
- Das Porträt von Giacometti lässt sich fast nur mit Ovalen darstellen. Rechts siehst du einen Anfang, den du abzeichnen und ergänzen kannst.

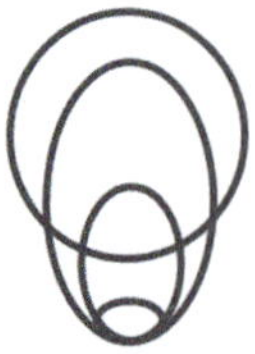

- Mithilfe eines weichen Blei- oder Grafitstiftes kannst du deine Zeichnungen „echter“ wirken lassen. Orientiere dich am Selbstporträt Pipers.
- Löse dich allmählich vom Abmessen und zeichne mehrere Köpfe, bei denen die Proportionen stimmen. Wenn du mit Zeichenkohle arbeitest, kannst du einfach korrigieren.

Gesicht pur – die Mimik macht’s

Auch ohne eine Sprache zu verstehen oder eine Stimme zu hören, nehmen wir Stimmungen und Gefühle eines anderen Menschen wahr. Die Mimik ist eine angeborene „Sprache“ des Gesichtsausdrucks. Wir beherrschen sie intuitiv, ohne nachzudenken – und das über Länder- und Sprachgrenzen hinweg. Lesbar werden die Gesichtsausdrücke anhand der Mundwinkel, Augenbrauen, Lippen, Kopfhaltung …

Lovis Corinth: Selbstporträt mit sieben Ausdrucksstudien, 1909 (34,5 × 25,6 cm)

Stellt euch eine passende Situation vor, in der ihr wütend, ängstlich, erschrocken, fröhlich … seid. Versucht, die jeweilige Emotion mit eurer Mimik eindeutig zum Ausdruck zu bringen. Korrigiert euch gegenseitig und entwickelt eine Fotoserie.

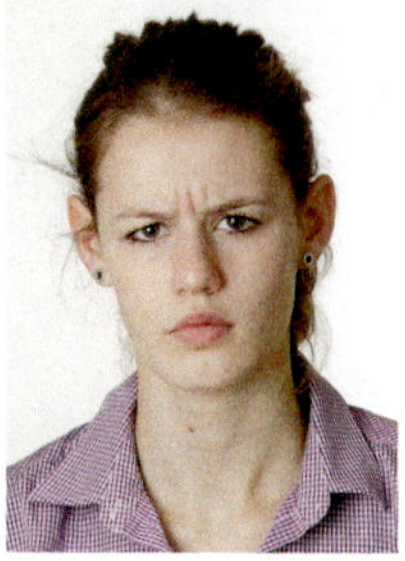

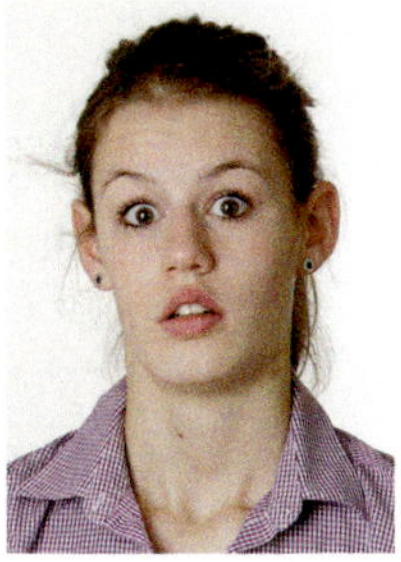

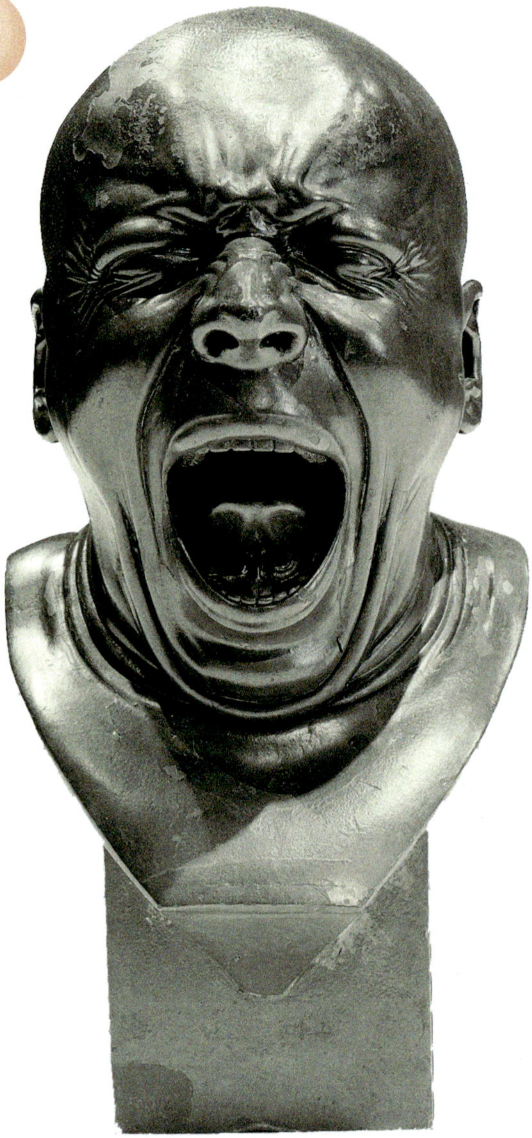

Franz Xaver Messerschmidt: Der Gähner, nach 1770 (H. 41 cm)

Franz Xaver Messerschmidt: Der Verdrüssliche (H. 42 cm)

Franz Xaver Messerschmidt (1736 – 1783) hat sich intensiv mit Grimassen beschäftigt. Er stellte eine Sammlung von rund 50 Köpfen her – meist Selbstporträts. Sie sind für uns auch heute noch spannend: Auch wenn jede Falte und jeder gespannte Muskel sichtbar sind, ist doch mehr zu sehen als nur Äußerlichkeiten. Messerschmidt war seiner Zeit allerdings offensichtlich voraus, er blieb weitgehend erfolglos.

Arnulf Rainer, den ihr in diesem Kapitel schon kennengelernt habt, hat Fotos von Messerschmidts Plastiken weiterverarbeitet.

Rainer Sperl mit Filmfiguren (Skulpturen aus gebranntem Ton)

Solche Grimassen sehen wir sonst im Gruselkabinett, bei Masken oder in Filmen. Wir sehen sie aber nicht nur auf, sondern auch vor der Kinoleinwand. Wir schneiden sie selbst, wenn wir während des Films erschrecken, einen Lachkrampf haben, uns ekeln oder wütend sind.

Entscheide dich für eine Kinofratze. Fertige aus einer etwa tennisballgroßen Tonkugel einen Kopf mit entsprechender Mimik.
Einzelne Teile können in ihrer Größe variiert oder verzerrt werden, um den gewählten Ausdruck zu verstärken. Die Grundproportionen sollten aber stimmen.
Zahnabdrücke vom Zahnarzt, Vampirgebisse aus Plastik – Fundstücke können eingebaut werden, wenn der Ton nicht gebrannt wird.

Zeitzeugen

Gestern noch neu

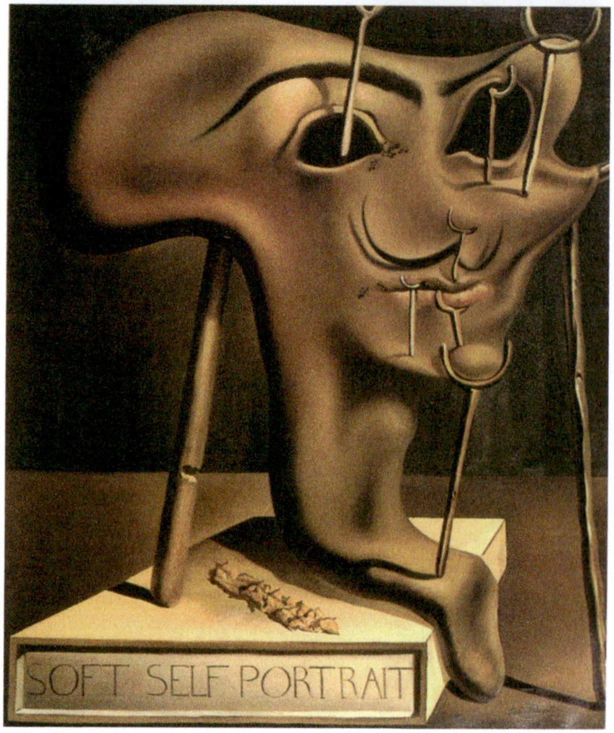

Vor der Zeit des Künstlers **A** war es nicht üblich, sich als Maler selbst zu porträtieren. Die Künstler selbst galten als unwichtig. Porträts stellten den Auftraggeber oder bekannte Persönlichkeiten aus der Geschichte dar. Darüber hinaus wurden Geschichten gemalt. Erst in der Renaissance, in der der Künstler A lebte, begannen die Maler, sich selbst zu porträtieren.

Anscheinend alles kann maschinell hergestellt werden und ist in großen Mengen reproduzierbar. Soll das auch für Kunst gelten? Kunst ist doch etwas für reiche oder gebildete Menschen – nichts für Otto Normalverbraucher, oder? Der Künstler **B** stellte Drucke, also keine Einzelstücke, her. Er verwendete als Motiv Bilder aus den Medien oder der Werbung. Diese künstlerische Stilrichtung nennen wir Pop Art.

Künstler **C** gehört zu den Kubisten, die in den Jahren vor und nach dem Ersten Weltkrieg arbeiteten. Sie setzten sich mit der Unsicherheit und Zerrissenheit ihrer Zeit auseinander. Sie zersplitterten die Gegenstände auf ihren Bildern in kleine Teilflächen – es entsteht eine kristallartige Wirkung. Es ist keine konstruierte Perspektive mehr erkennbar. Es entstehen reine Rhythmen und Formen.

Der Psychologe Sigmund Freud entwickelte die Theorie, dass der Mensch mehrere Seiten hat. Es gibt bewusste und auch unbewusste Aspekte, die nicht so einfach greifbar sind. Er beschäftigte sich unter anderem mit Träumen und deren Bedeutungen. Maler **D** möchte keine reine Abbildung schaffen. Ihm geht es weniger um das Sichtbare als um das Verborgene, Innere, Gefühlte ... Dieser Künstler wird dem Surrealismus zugeordnet.

Salvador Dalí: Weiches Selbstporträt mit gebratenem Speck, 1941 (61 × 51 cm)
Albrecht Dürer: Selbstporträt, 1500 (67 × 49 cm)
Gino Severini: Selbstporträt (Mein Rhythmus), 1912 (54 × 45 cm)
Andy Warhol: Selbstporträt, 1967 (182,5 × 182,5 cm)

Gesichter erzählen hier nicht nur Geschichten, sondern auch Geschichte. Ordne die Selbstporträts und die Aussagen einander zu. Bei „Eingeordnet“ kannst du die zeitliche Folge der Bilder im Überblick sehen.

Heute noch neu

Carl Spitzweg: Der arme Poet, 1839 (36 × 45 cm)

Wie „Der arme Poet“ von Spitzweg erzählen die Gemälde auf der nächsten Seite von längst vergangenen Zeiten. Als sie gemalt wurden, waren sie aktuell und zeigten das gegenwärtige Leben. Heute können wir sie als Gesellschaftsporträts lesen: Sie bilden die Kleidung, das Beisammensein und die Sitten vergangener Epochen ab.

Die Autorin Gabriele Bärtels als „Armer Poet“ in Szene gesetzt

Ist uns das alles wirklich fremd oder erkennen wir vielleicht doch Parallelen zu unserer Gegenwart? Gabriele Bärtels vergleicht sich hier mit einer berühmten Vorlage.

Übertragt die Bilder der folgenden Seite ins Heute:
Stellt zunächst die Posen nach: die Haltung der Personen, die Blickrichtungen, den Aufbau der Umgebung, die Lichtführung und den Standpunkt des Betrachters. Ergänzt die Standbilder dann durch aktuelle Gegenstände.

David Teniers: Drei musizierende Bauern, 2. Drittel 17. Jh. (40 × 58 cm)

Jan Vermeer:
Brieflesendes Mädchen
am offenen Fenster,
um 1658
(83 × 64,5 cm)

Auguste Renoir:
La Coiffure, 1888
(55 × 46 cm)

Das Drumherum und Obendrauf

Zeugen unbekannter Welten
Accessoires haben einen großen Einfluss auf die Wirkung einer abgebildeten Person. Du hast spezielles Material für Stars ausgesucht und auch bei der Aktualisierung alter Bilder spielte das Drumherum eine entscheidende Rolle.

- Wo könntest du der Person auf den verschiedenen Fotos begegnen?
- Erfinde Details aus vergangenen oder zukünftigen Welten.
  Kreiere aus Hasenstalldraht, Papiermaché oder mit Gipsbinden eine eigene ungewöhnliche Kopfbedeckung dieser Zeit.
  Sie muss nicht alltagstauglich, aber außergewöhnlich sein und sollte dir selbst passen.

Köpfe als reines Abbild, als Träger einer Botschaft, in Form von Gemälden, Zeichnungen oder Fotos – retuschiert, zerschnitten, neu zusammengefügt oder komplett übermalt. Ihr habt in diesem Kapitel jede Menge Köpfe gesehen, überarbeitet und selbst erstellt. Breitet eure Ergebnisse aus, sortiert sie nach Kriterien wie Stimmungen, Farbwerte, Themen usw. Entscheidet euch für ein Konzept und stellt danach eine Ausstellung zusammen.

Wichtige Überlegungen

Wo stellen wir aus?
Für wen stellen wir aus?
Wen müssen wir um Erlaubnis oder Hilfe bitten?
Welches Material brauchen wir?
Wann soll die Ausstellung eröffnet werden? Und wie?

Tipps und Tricks

Der Hintergrund unterstützt das Bild und sollte es nicht erschlagen - also Vorsicht bei der Farbwahl!
Bilder brauchen Platz zum Wirken - genügend Platz geben, ausreichend groß ausdrucken!
Titel und kleine Erklärungen helfen dem Betrachter, die Bilder zu verstehen.

ALLES IST MÖGLICH

Ansichtssache

- Verkehrte Verhältnisse
- Wie der Comic erzählt
- Neue Ansichten

Das Gewohnte verlassen

- Auf der Spur bleiben
- Irrungen – Verwirrungen
- Den Überblick bekommen
- Der Not gehorchend
- Barocke Oberwelt
- Dunkle Seiten

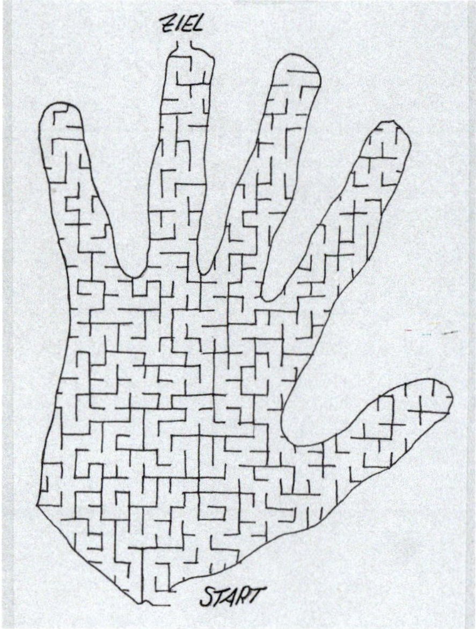

Traumhaftes

- Träumen auf der Spur
- Mischwesen
- Metamorphose

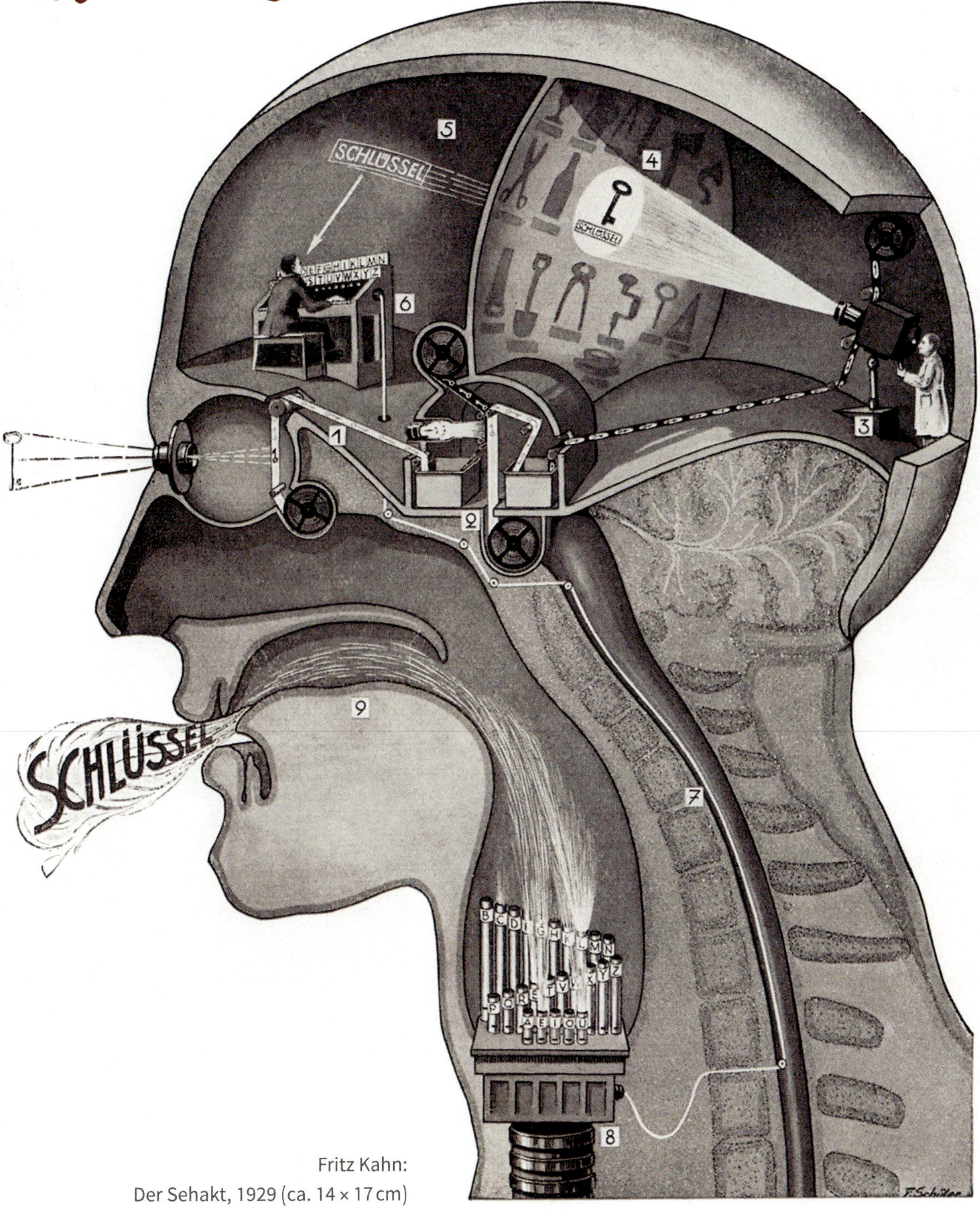

Fritz Kahn:
Der Sehakt, 1929 (ca. 14 × 17 cm)

Ansichtssache

Verkehrte Verhältnisse

Gullivers Reisen

Liebling, ich habe die Kinder geschrumpft

Die Minimenschen

Schon immer faszinierte es die Menschen, das Gewohnte aus einer anderen Perspektive zu sehen. Deshalb haben Schriftsteller und Künstler oft das Mittel gewählt, ihre Helden schrumpfen oder wachsen zu lassen. Diese können dann viel Neues entdecken.

Alice im Wunderland

Wer kennt sich aus?
Erzählt euch gegenseitig von den Abenteuern, die in den Geschichten vorkommen. Sammelt weitere Geschichten, in denen der Held ganz klein oder ganz groß erscheint.
Stellt sie euch gegenseitig vor.

Die Abenteuer der Minimenschen

Die Bewohner von Rajevols sind alle durch die Berührung mit einem kleinen Meteoriten auf wenige Zentimeter geschrumpft. In den Zisternen des Schlosses von Rajevols fanden sie ihren Unterschlupf. Doch aufgrund einer Überschwemmung müssen sie sich auf den Weg machen, um eine neue Unterkunft zu finden.

Pierre Seron: Die Minimenschen (aus: „Der Umzug“)

- Beschreibe, was sie sich für ihre Flucht haben einfallen lassen.
- Suche Stellen, an denen man besonders gut erkennen kann, mit welchen Tricks der Zeichner die Minimenschen so winzig aussehen lässt.

Wie der Comic erzählt

Franquin: Spirou und Fantasio (aus: „Das Versteck der Muräne“)

- Ordne die jeweiligen Perspektiven/Ansichten und Einstellungsgrößen den Comicbildern dieser Doppelseite zu.
- Diskutiere ihre Wirkung.
- Suche in weiteren Comics eindrucksvolle Beispiele.

Uderzo/Goscinny: Asterix (aus: „Obelix GmbH & Co. KG“)

Perspektiven

Vogel-perspektive	von oben herab
Normal-perspektive	stehend
Frosch-perspektive	vom Boden aus

Uderzo/Goscinny: Asterix (aus: „Der große Graben“)

Einstellungsgrößen

Totale	Überblick verschaffen
Halbtotale	Person von Kopf bis Fuß
Großeinstellung	Bildfüllendes Gesicht oder Objekt
Detail	Teil eines Gesichts oder Objektes

Superman (aus: „Das Geschenk“)

So machen es die Profis

Comiczeichner bezeichnen ein Einzelbild als Panel. Weil wir von links nach rechts lesen, sind die meisten Comiczeilen ziegelmauerartig aufgeteilt.

Der Zeichner Bernd Natke beschreibt sein Vorgehen folgendermaßen: „Ist der Gag aber erst einmal da, beginne ich eine Seite grundsätzlich mit dem Text, d. h. einer Ausarbeitung der Idee in schriftlicher Form – aufgeteilt in einzelne Panels. Dazu überlege ich mir die Einteilung der Panels innerhalb der Streifen. Es ist wichtig, sich die Geschichte und die Einteilung des Blattes vorher zu überlegen, da man sonst mit dem Platz in Schwierigkeiten gerät, wenn die Geschichte zu lang oder zu kurz wird."

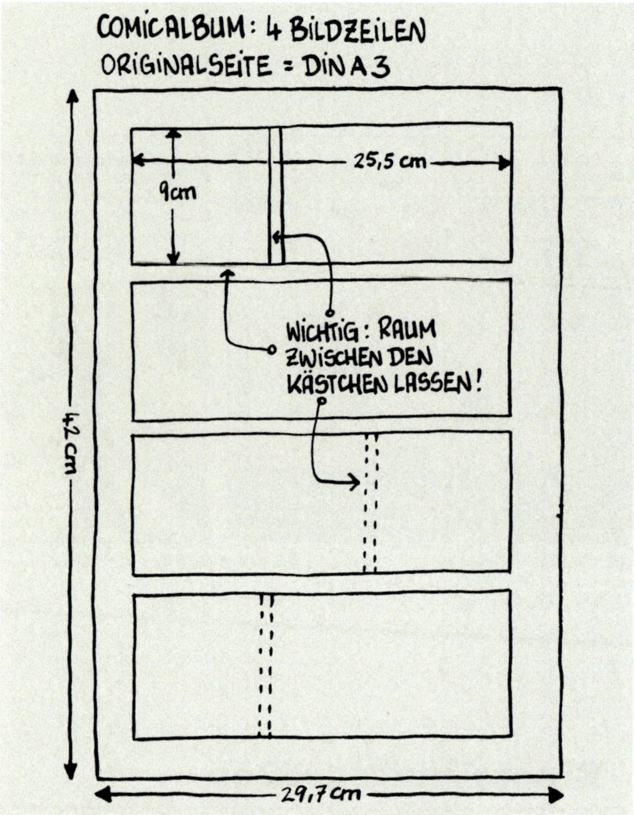

Schülerarbeit

① Mit einfachen Strichen skizzierst du die Bilder. Diese Skizze nennt man Scribble.

② Im nächsten Schritt werden die Zeichnungen ausgearbeitet.

③ Anschließend ziehst du die Umrisse mit feinem Filzstift nach und radierst die Vorzeichnung weg.

④ Zum Schluss greifst du in den Farbtopf.

Bernd Natke: Comic-Zeichnen für Einsteiger

Ich kann mich durch Zauberkraft ganz klein oder groß werden lassen und entdecke etwas Aufregendes. Zeichne das Comicabenteuer auf einer DIN-A3-Seite. Achte dabei auf abwechslungsreiche Perspektiven und Einstellungsgrößen. Verwende nicht mehr als 15 Bilder.

Neue Ansichten

Eine Illustration aus einem Märchen …
und ihr berühmtes Vorbild

Illustration zu „Der kleine Däumling“

Andrea Mantegna: Toter Christus, um 1480 (66 × 81 cm)

Um die Bedeutung mancher Kunstwerke verstehen zu können, musst du dich informieren.

- Schlage die Stichwörter Renaissance und Zentralperspektive nach.
- Bestimme, wo der Fluchtpunkt in Mantegnas Bild liegt.
- Inwiefern ist die Darstellung typisch für die Renaissance?

Das Bild „Toter Christus“ ist zu einem Erkennungszeichen für die Renaissance geworden. Die Künstler entdeckten damals ganz neue Ansichten der Wirklichkeit. Damit setzten sie sich von der mittelalterlichen Weltsicht ab. Der italienische Maler Andrea Mantegna (1431 – 1506) ist für seine Wiedergabe des anatomisch stimmig aufgebauten Körpers, seine Detailgenauigkeit und die Meisterschaft in der Anwendung der räumlichen Darstellung berühmt geworden.

Albrecht Dürer: Der Zeichner des liegenden Weibes, 1512 – 1525 (7,6 × 21,2 cm)

In Mantegnas Bild erscheint der Christus auf der Fläche nahezu so breit wie hoch. Wir empfinden aber auf dem Bild den Körper nicht als gedrungen, er wird aufgrund der Perspektive verkürzt dargestellt. Unser Gehirn „sieht“ also nicht, was unser Auge wahrnimmt, sondern was wir durch unsere Seherfahrung wissen. Albrecht Dürer zeigt in „Zeichner des liegenden Weibes“ eine Vorrichtung, die dem Künstler hilft, die schwierige Perspektive auf die Frau zu Papier zu bringen.

- Der Zeichner schaut durch ein Raster und zeichnet auf ein gerastertes Papier. Dabei hat er ein Auge zugekniffen. Erkläre den Zusammenhang.
- Erläutere die Notwendigkeit des Stativs vor dem Auge des Zeichners.
- Stellt einen gerasterten Sichtrahmen her und zeichnet Gegenstände (einfach) oder euch selbst (schwierig).

Auf der Spur bleiben

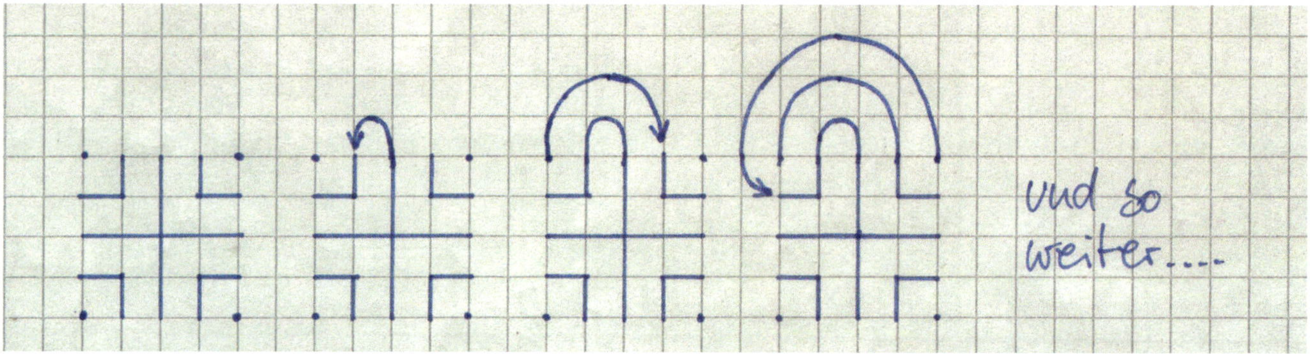

Piadena, röm. Mosaik, 25 – 50 n. Chr.
(135 × 135 cm)

Eine ganz eigene Welt, in der wir leicht die Orientierung verlieren können, besteht nur aus Wänden und einem Weg. Eine faszinierende Variante ist das kretische Labyrinth. Du kannst es mithilfe der obigen Anleitung und einem karierten Papier selbst zeichnen. Schon die alten Griechen zeigten diese Form des Labyrinths auf einer Silbermünze.

Silbermünze aus Knossos,
ca. 190 – 100 v. Chr.

Entwirf selbst ein Labyrinth auf einem karierten Papier. Achte darauf, möglichst wenig unzugängliche Leerräume entstehen zu lassen.

Irrungen – Verwirrungen

Giovanni Fontana: Rechteckiger Irrgarten, um 1420
(13,1 × 13,5 cm, Ausschnitt)

Lege ein Transparentpapier über die Grafik und fahre mit einem Stift bis zum Ziel. Was ist bei diesem Weg anders als bei dem kretischen Labyrinth?

Entwickle selbst einen Irrgarten auf kariertem Papier. Besonders gelungen ist dieser, wenn der Weg zum Ziel möglichst unvorhersehbar durch die gesamte Form läuft.

KOPF – AUTO – TIER – GEBÄUDE

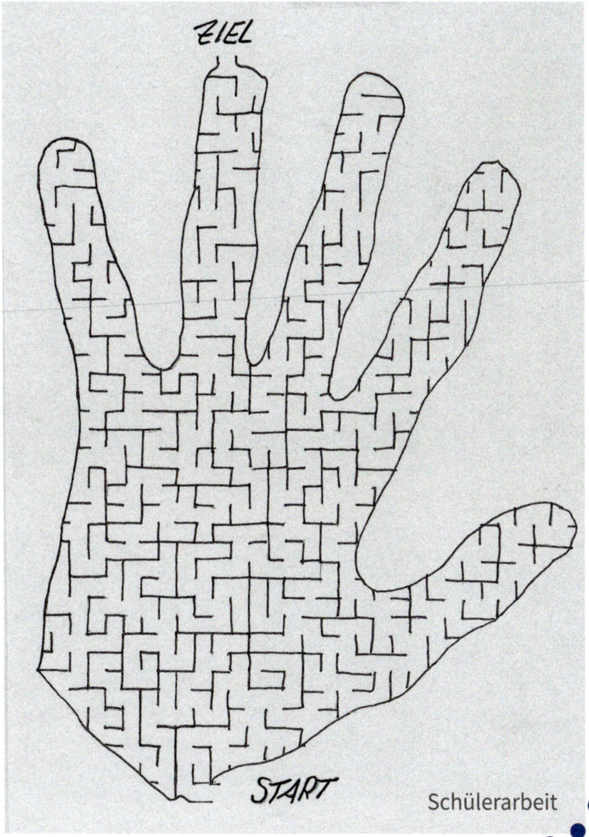

Schülerarbeit

Den Überblick bekommen

Mikael Genberg: Hotell Hackspett, Schweden 1976

Hier lässt es sich ungestört leben! Doch wenn man genau darüber nachdenkt, hat die Idylle auch ihre Schattenseiten. Der schwedische Künstler Mikael Genberg baute das „Hotell Hackspett“ (Spechthotel) ursprünglich als Ausstellungsraum für seine Gemälde und Skulpturen. Er wollte die Besucher im wahrsten Wortsinn gefangen nehmen, damit sie für einige Stunden oder über Nacht von seinen Werken umgeben sind. Erst aufgrund der hohen Betriebskosten kam er auf die Idee, das Baumhaus zu vermieten. Die Gäste müssen an einem Seil in die Höhe klettern. Oben befindet sich sogar eine Toilette. Das Essen muss in einem Korb nach oben gezogen werden.

Überlegt euch alltägliche Situationen, in denen das Leben in dem Haus schwer wäre. Gestaltet eine Tagebuchseite eines Hausbewohners.

Der Not gehorchend

Tatsächlich wohnen Menschen dauerhaft in Baumhäusern. Das Volk der Korowai lebt noch heute als Jäger und Sammler im indonesischen Regenwald. Manche ihrer Häuser sind in 35 Metern Höhe gebaut. Eine Großfamilie von acht bis zehn Personen findet dort mit ihren Tieren Platz.

Ein Haus entsteht in Gemeinschaftsarbeit

Baumhaus der Korowai, Indonesien

- Informiert euch über die Gründe einer solchen Lebensweise.
- Auf den Abbildungen kannst du gut erkennen, wie das Haus in den Baum gebaut wird. Beschreibe die Vorgehensweise.
- Baue selbst aus gegabelten Asthölzern, Rundhölzern, Schaschlikspießen oder Zahnstochern ein Baumhaus in einen Ast hinein. Je tollkühner, desto besser.

Barocke Oberwelt

Die Stadt Karlsruhe war eine Neugründung. Der badische Markgraf wollte von seinem neuen Schloss aus einen perfekten Überblick und damit die Kontrolle über seine Untertanen haben. Wie von einem Haus der Korowai aus kann man vom Turm alle sehen, die sich nähern. Wege führen zur Stadt und in den umliegenden Wald. Das Schloss mit seinen drei Stockwerken war das höchste Gebäude. Zur Stadt hin erfolgte eine Höhenabstufung, die mit eingeschossigen Bürgerhäusern endete.
Vom Schloss strahlt die Macht des Herrschers wie eine Sonne nach außen – ganz im Sinne des Absolutismus.

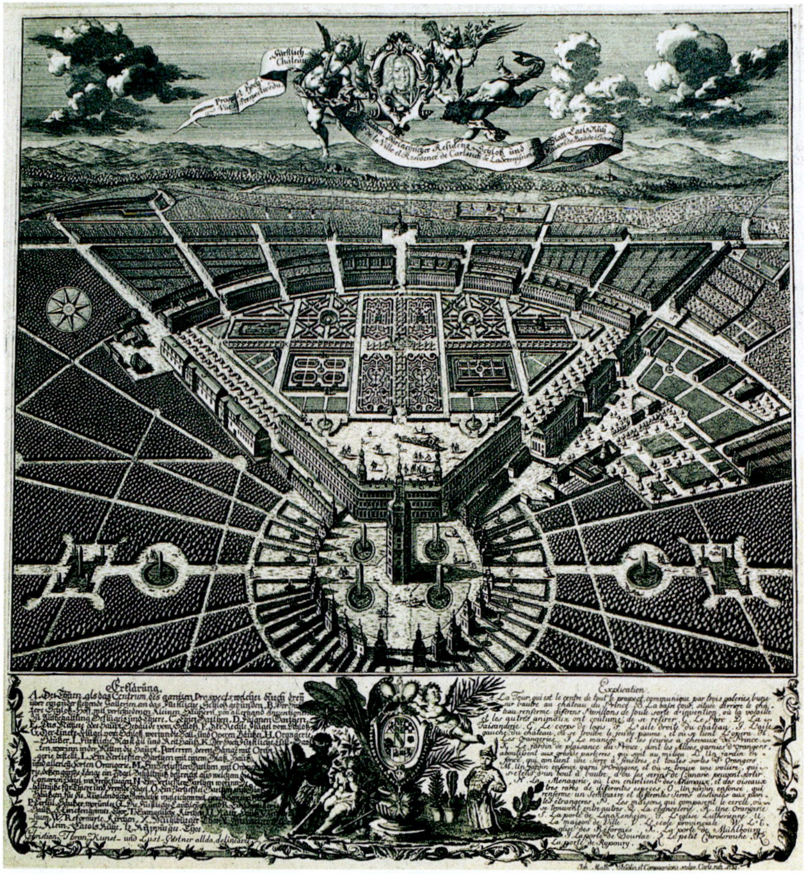

Karlsruher Schlossanlage, Kupferstich von Johann Matthias Steidlin, 1739

Karlsruher Schloss

Dunkle Unterwelt

Die hygienischen Zustände waren ein Problem. Seuchen, Hungersnöte und eine wachsende Bevölkerung überfüllten die Pariser Friedhöfe. Die Gebeine der Toten wurden schließlich in unterirdischen Katakomben aufgetürmt. Noch heute läuft einem ein Schauer über den Rücken, wenn man in schmalen Gängen an unzähligen Knochen und Schädeln vorbeiläuft. Eine Stadt wird von Menschen bewohnt. Mag sie auf dem Plan noch so geordnet aussehen, sie entwickelt ihr Eigenleben. Und für die einfachen Leute war das Stadtleben nicht so komfortabel wie für den Herrscher.
Cili Wethekam beschreibt in ihrem Buch „Tignasse“ den Alltag eines Pariser Gassenjungen zu Zeiten des Barock: „Wie gut, dass es den stinkenden, schwarzgrauen Pariser Kot gab, sonst hätten sich manche geschickte Bengel aus dem Schuh- und Strümpfesäubern auf offener Straße keinen Beruf machen können. Wenn es regnete, spien die Dachrinnen das Wasser von den Häusern herunter, es sammelte sich in der Mitte der hohlen Fahrbahn und wälzte sich wie ein Bach die Gasse hinab. Bürgersteige gab es keine. Man konnte sich etwas hinzuverdienen, indem man ein Brett über das üble Rinnsal legte und den Damen galant auf die andere Seite half. Oder sie huckepack auf eigenen Füßen hinüberschaffte, wenn man kein Brett besaß …“

Katakomben von Paris

Matthias Hoch: Brücke 02 – Rom, 2003

- Beide Bilder auf dieser Doppelseite vermitteln das Gefühl des Verlorenseins. Vergleiche sie hinsichtlich ihrer Wirkung.
- Unterführung, Fabrikhalle … Finde in deiner Umgebung Orte, an denen du ebenfalls ein Gefühl des Verlorenseins erlebst, und dokumentiere sie als Foto.
- Stelle eine Kaltnadelradierung auf einer Rhenalonplatte her. Benutze deine eindrucksvollsten Fotos als Vorlage und kombiniere sie miteinander auf der Druckplatte.

Giovanni Battista Piranesi (1720 – 1778) hat vor allem Stadtansichten angefertigt. Doch seine „Carceri“ (Kerker) machten ihn berühmt. In diesen Architekturfantasien ließ er sich von Bühnenbildern anregen.

Giovanni Battista Piranesi: Das Sägepferd, 1761 (41 × 56 cm)

Traumhaftes

Träumen auf der Spur

Salvador Dalí: Traum, verursacht durch den Flug einer Biene um einen Granatapfel, eine Sekunde vor dem Aufwachen, 1944 (51 × 40,5 cm)

So etwas gibt es nicht? In unseren Träumen schon. Die Surrealisten beschäftigten sich mit diesen verborgenen Welten, in denen sich reale Bilder und Erlebnisse auf unmögliche Weise verknüpfen. Heute wissen wir, dass wir in Träumen unsere Erfahrungen verarbeiten.

- In welcher „Reihenfolge“ würdest du das Bild lesen?
- Welche Elemente der Wirklichkeit kannst du auf dem Bild erkennen?
- Beschreibe Stellen, in denen Mögliches mit Unmöglichem zusammengebracht wird.
- Finde weitere Bilder innerhalb des Buches, in denen Reales auf scheinbar unmögliche Weise miteinander kombiniert wird.

Mehr als hundert Jahre vor Dalí faszinierte Johann Heinrich Füssli das Thema des Träumens. Der Nachtmahr bringt fürchterliche Albträume.

Johann Heinrich Füssli: Der Nachtmahr, 1782 (75,5 × 54 cm)

- Überlege dir, welchen Traum die Frau haben könnte. Schreibe ihn in der Ich-Form auf.
- Wodurch entsteht bei diesem Bild der Eindruck des Fantastischen?
- Betrachte die beiden Grafiken unten. In welcher Darstellung ist das Albtraumhafte glaubwürdiger dargestellt? Begründe.
- Fertige eine Kohlezeichnung an. Entscheide dich für eine möglichst eindrucksvolle Szene eines Traumes. Tauche bewusst einige Stellen in mysteriöse Dunkelheit.

Mischwesen

Seit ihren Anfängen tauchen unmögliche Vermischungen von Lebewesen in der Kunst auf. Offensichtlich faszinieren diese Ungeheuer den Menschen, scheinen sie doch aus dem Zwischenraum der Fantasie und des Traums zu entspringen.

Max Ernst: Der Hausengel
(Triumph des Surrealismus), 1937
(114 × 146 cm)

Paolo Ucello: Hl. Georg im Kampf mit dem Drachen (Ausschnitt), 1456

Eine Frau muss vor dieser Bestie bewahrt werden. Sie wurde von dem Wesen als Opfer verlangt.

Dieses Wesen ist in seiner Gestalt gefangen und kann nur durch die Liebe zu einem Menschen befreit werden.

Diese bösen Geschöpfe bedrohen einen Menschen und wollen ihn von seinem Glauben abbringen.

Dieses Mischwesen zertrampelt alles, was ihm in den Weg kommt. Es könnte für den Krieg stehen.

John William Waterhouse: Meerjungfrau, 1901

Matthias Grünewald: Die Versuchung des hl. Antonius (Ausschnitt), 1512–1515

- Ordne die Informationen den passenden Bildern zu.
- Gorgonen – Zentaur – Greif: Macht euch auf die Suche nach weiteren Mischwesen. Stellt sie euch gegenseitig vor.

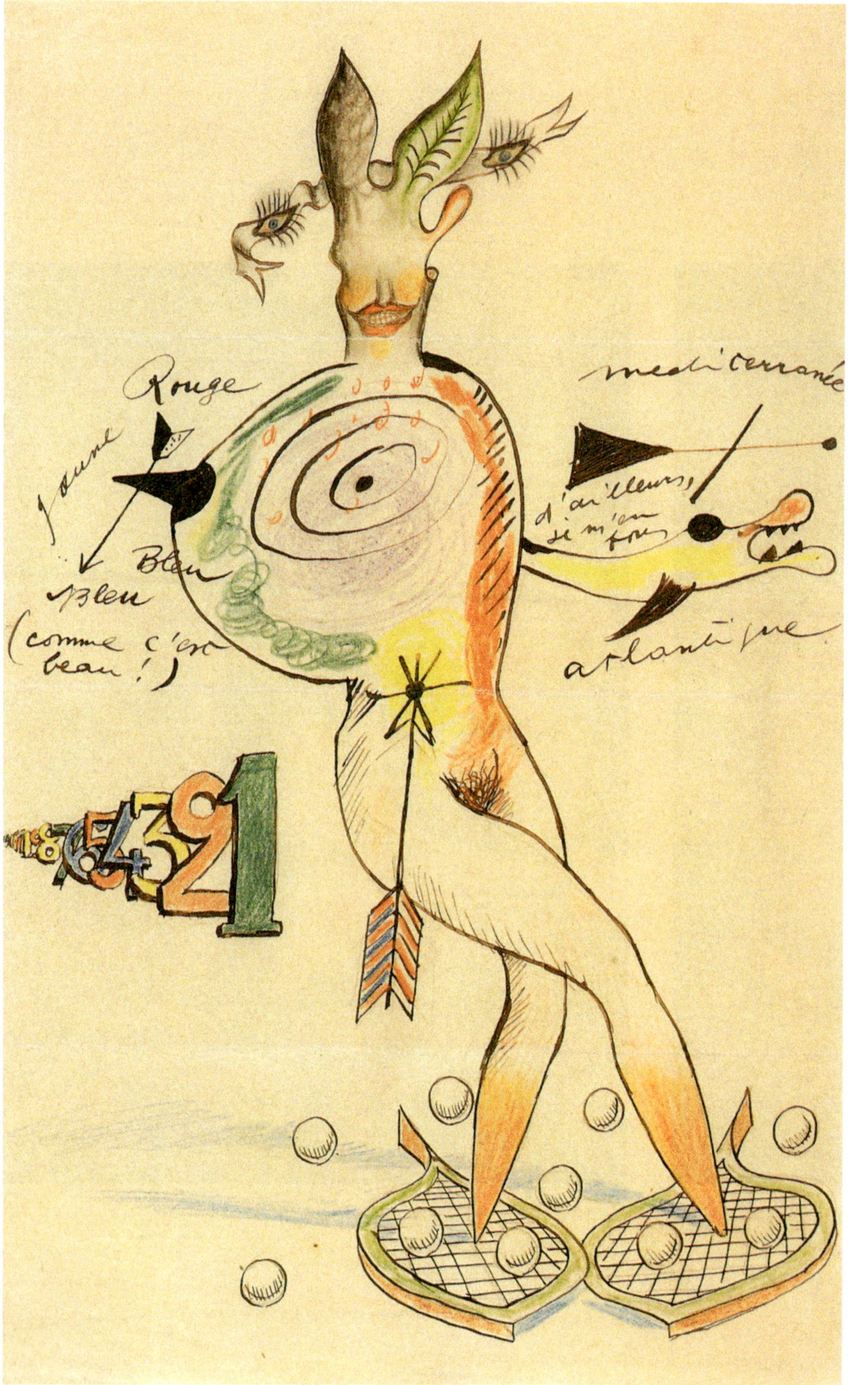

Yves Tanguy, Joan Miró, Max Morise, Man Ray: Cadavre Exquis, 1927 (36,5 × 22,9 cm)

Surrealistische Schriftsteller entwickelten ein Spiel, bei dem irrwitzige Texte entstehen. Die Regel war ganz einfach: Ohne zu wissen, was vorher geschrieben wurde, mussten Satzglieder aneinandergereiht werden: Subjekt, Prädikat, Objekt. So entstanden Zufallssätze, die absurd, aber interessant und teilweise sehr witzig waren. Das Spiel wurde nach dem ersten Satz benannt, den es hervorbrachte:

„Der köstliche Leichnam trinkt den neuen Wein …“

Dieses Sprachspiel wurde in ein Zeichenspiel umgewandelt, bei dem Faltbilder entstehen. Ein Beispiel ist „Cadavre Exquis“.

- An welchen Stellen im Bild wurde das Blatt weitergereicht?
- Einigt euch, aus wie vielen Faltungen am Ende euer Bild bestehen soll.
- Eine oder einer von euch fängt von oben an zu zeichnen.
- Das Blatt wird gefaltet, sodass der Nächste das Gezeichnete nicht sehen kann. Nur die Anschlussstellen müssen sichtbar sein.
- Nun zeichnet ihr an den sichtbaren Übergängen weiter.
- Wer entwickelt die verrücktesten Wesen? Gebt den Zeichnungen passende Titel und stellt sie euch vor.

Metamorphose

Du kannst dich durch „Morphen“ verwandeln. Verschiedene Freeware-Programme stehen zur Verfügung.

- Wähle zwei Bilder derselben Größe, bei denen das Motiv auf gleicher Höhe liegt.
- Lege auf beiden Bildern möglichst viele Punkte der gleichen Körperteile fest: Kinnspitze – Kinnspitze …

Das Programm errechnet mehrere Übergangsbilder, die man sogar als Film abspielen kann.

Ehre sei Gott in der Höhe

Der

höchste

Kirchturm der Welt

Bauhütten früher und heute

Wie man Kathedralen entschlüsseln kann

Hoch, höher, am höchsten

Warum wir immer höher hinaus wollen

Die höchsten Bauwerke der Welt

Die Grenzen des Machbaren ausloten

Die Stadt: LebensraumKunstraum

Faszination Großstadt

Eine Kunstausstellung planen

Künstler zum Thema Großstadt

Lebenszeichen

Geheimnisvolle Zeichen

Graffiti untersuchen, entwerfen und ausführen

Stadtgeschichten

Künstler eignen sich die Stadt an

Eine Fotoreihe planen und fotografieren – Ein Filmprojekt

Himmelhoch – bodenständig

Gerhard Richter: Stadtbild F., 1968 (200 x 200 cm)

Ehre sei Gott in der Höhe

Um Gott zu preisen

Ulmer Münster, 1377 – 1890

Richtspruch zur Einweihung des Ulmer Münsters

Auf ein glückliches Volk und Land,
Auf gesegnete friedliche Auen
Lass unsern Turm stets niederschauen;
Als Dein mächtiger Finger lenk er die Gedanken
Über der Zeitlichkeit enge Schranken
Himmelwärts zu Deinem ewigen Licht,
Wohin auch unser Lob sich jetzt richt:
Dein ist das Reich und die Kraft und die
Herrlichkeit in Ewigkeit!
Ehre sei Gott in der Höhe!
Amen

Das Ulmer Münster: Ähnliche Kirchenbauten aus der Zeit der Gotik gibt es in vielen Städten Europas. Sie sehen alle verwandt aus, was an ihrer architektonischen Gestaltung liegt.

Sucht Bilder weiterer gotischer Münster und Kathedralen und vergleicht: Was ist das Typische an ihnen?

- Form und Gestaltung der Fassade
- Aussehen und Wirkung des Innenraums
- Aufteilung des Innenraums im Grundriss

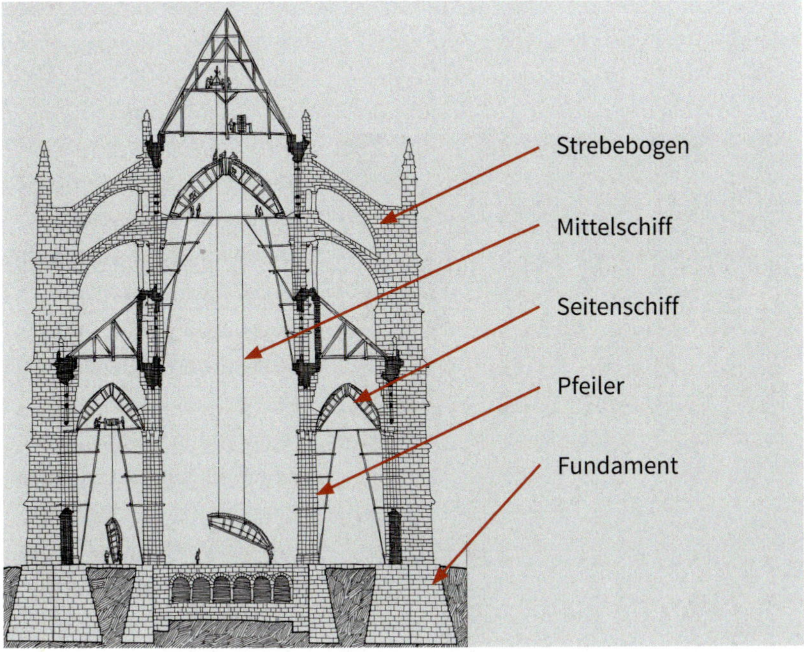

Schnittdarstellung einer Kathedrale

Ulmer Münster, Innenansicht

Der Bau des Ulmer Münsters wurde im Sommer 1377 begonnen. Solche Kirchenbauten – Münster, Dom oder Kathedrale genannt – waren das Schwierigste, was Menschen damals errichten konnten. Um die Arbeit zu organisieren, wurden Bauhütten gegründet.
Nach über 100 Jahren Arbeit drohte das Dach einzustürzen, weil das Münster zu hoch wurde. Nach 150 Jahren Bauzeit wurde entschieden, den Turm wegzulassen, um das Gewicht auf die Pfeiler und Mauern nicht zu groß werden zu lassen. 1844 wurde beschlossen, den Turm doch noch aufzusetzen. 531 Jahre dauerte es insgesamt, bis das Ulmer Münster fertiggestellt war.

- Zeige die architektonischen Elemente aus der Schnittdarstellung in den Fotos des Münsters.
- Orientiere dich im Grundriss:
  Von wo wurde die Außenansicht fotografiert? Was zeigen die schwarzen Ovale im Grundriss? Wo ist im Foto der Innenansicht der Halbkreis mit den sternförmig angeordneten Linien?

Ulmer Münster, Grundriss

Himmel und Hölle

Sainte-Chapelle in Paris, 1248

Zur Zeit der Gotik wohnten die Menschen in niedrigen, engen Räumen. Was für einen Eindruck musste das auf sie gemacht haben, wenn sie eine der mächtigen Kathedralen betraten? Am großen Hauptportal empfangen Nischenfiguren von Heiligen und wichtigen Personen die Gläubigen. Über dem Portal befindet sich eine Rosette, deren Maßwerk mit farbigem Glas gefüllt ist.
Über die beiden Nebenportale gelangen die Besucher in die Seitenschiffe der Kathedrale. Gewaltige Türme ragen in den Himmel. Spitzbögen betonen das steile Emporstreben in den Himmel – das Reich Gottes.
An der Außenfassade hängen Teufels- und Dämonenfiguren über den Rand des Daches hinaus. Sie sollen böse Geister fernhalten. Außerdem leiten sie als Wasserspeier die Wassermassen bei Regen vom Dach.

Die farbigen Glasfenster werfen strahlende Lichtspiele in das Innere. Glas war früher ein sehr teurer Baustoff. Erst in der Gotik wurde er in großem Maß eingesetzt. Gewaltige Pfeiler tragen in schwindelerregender Höhe das Deckengewölbe.

Das obere Ende der Pfeiler ist mit Blattformen verziert. Der Innenraum mit dem Betgestühl und dem Altarraum ist riesig. Unter dem Steinboden befindet sich die Krypta: eine Grabanlage, in der die Gebeine von Heiligen oder Kirchenführern aufbewahrt werden.

Ein Kirchenbauwerk kann man auf unterschiedliche Art „lesen“:
Als künstlerisches Gebilde: Wie wirkt es auf uns? Welche Farben und Formen prägen es – innen und außen?
Als in Stein gebaute Nutzung: Wie viele Menschen treffen hier zusammen und was machen sie? Wie genau geschieht das?
Als Symbol: Welche Grundgedanken sollen verkörpert werden? Welche Glaubensgrundsätze zeigen sich in der Gestalt?
Als Ausdruck einer Kultur: Welcher Religion dient es? Welches Verständnis von Gott und Mensch herrscht dort vor? Wie sehen andere Bauwerke in dieser Kultur aus?
Als baustatisches Gebilde: Aus welchen Werkstoffen ist es errichtet? Wie wird erreicht, dass es sicher steht? Wie wurde es gebaut?

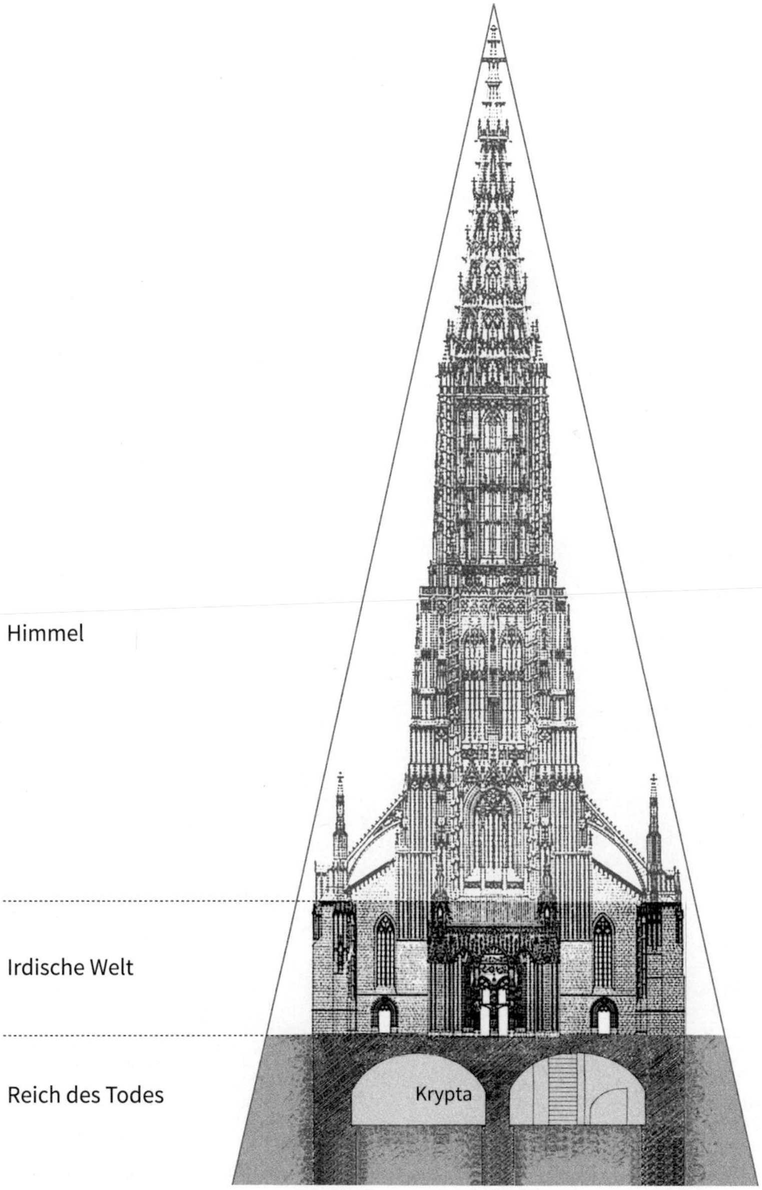

Symbolisierung der Welt in einer christlichen Kirche

Wählt eine Kirche aus – am besten eine, die ihr besuchen könnt. Bildet Gruppen und verteilt die Aufgaben, die im Text versteckt sind.
„Buchstabiert“ nun eure Lesart aus. Wie interessant und lebendig das Ergebnis wird, hängt von euren Ideen ab. Kombiniert Text, Zeichnungen, Fotos.

Von Menschenhand

In der Gotik wollten die Äbte und Kardinäle immer höhere Kirchen bauen. Warum? Um die Herrlichkeit Gottes zu zeigen, um ihre Vorstellung des Glaubens zu veranschaulichen, aber auch ganz einfach: um zeigen zu können, dass hier eine mächtige Kirchengemeinde lebt. Das Ulmer Münster hält bis heute den Rekord für den höchsten Kirchturm der Welt. Ist Ulm damit die christlichste Kirchengemeinde der Welt? Oder steckt in solchen Bestrebungen nicht auch Größenwahn, also etwas, das sehr weltlich ist und sich mit Glauben gar nicht so gut vereinen lässt?

Die Kathedrale von Beauvais: Nur kurz nach der Einweihung eingestürzt.

Das Ulmer Münster: folgenschwerer Unfall im Jahr 1492

Pieter Brueghel der Ältere: Turmbau zu Babel, 1563 (114 × 155 cm)

Aufmerksam betrachten: Wie zeigt Brueghel, dass der Turm eine Bedrohung für die Menschen ist? Was wirkt an Edogas Skulptur lebendig?

Sich informieren: Mit welchem Trick verhindert Gott, dass die Menschen den Turm fertigstellen können? Wo erkennt man im „Turm der Hoffnung“ die Aussagen Edogas wieder?

Bedeutung verstehen: Sammelt aktuelle Beispiele dafür, wie Menschen an die Grenzen des Machbaren gehen. Diskutiert: Fordern sie damit Gott heraus?

Baut eine Skulptur aus Resten unserer Wohlstandswelt. Sie soll das Prinzip des Wachsens zeigen – aus totem Material wird Lebendiges.

Kunst ist die Fähigkeit zu sammeln und genial zu kombinieren.

Chaos ist die Geometrie der Natur.

Es geht mir um Materialbewältigung – ohne Materialverletzung.

Die Industriegesellschaft ist […] farbgesättigt, wir ersticken in Farben.

Aussagen von Mo Edoga zu seiner Kunst

Zwei künstlerische Auseinandersetzungen mit der Frage nach der Vergänglichkeit menschlichen Tuns siehst du hier. Pieter Brueghel wählte mit „Turmbau zu Babel“ eine Parabel aus der Bibel aus: Die Menschen beginnen, einen Turm zu errichten, der so hoch sein soll, dass er bis in den Himmel reicht. Das erzürnt Gott und er zeigt ihnen die Grenzen ihrer Macht auf.
Mo Edoga baute den „Turm der Hoffnung“ aus Treibholz und Plastiktüten. Wie passen diese Materialien zur Hoffnung? Und sollte ein „Hoffnungsturm“ nicht freundlicher wirken?

Mo Edoga: Turm der Hoffnung, 1992

Die Stadt: Lebensraum

Kein Ende in Sicht

1930 gewannen die Architekten des Chrysler Buildings den Wettlauf um das höchste Gebäude der Welt mit einem Trick: Die 56 Meter hohe Dachspitze wurde erst kurz vor der Einweihung aufgesetzt.
Die Architekten der Bank of Manhattan mussten sich mit dem zweiten Platz begnügen.

Das Home Insurance Building in Chicago war 1885 das höchste moderne Gebäude. 400 Jahre nach dem Ulmer Münster war es gerade einmal 42 Meter hoch.

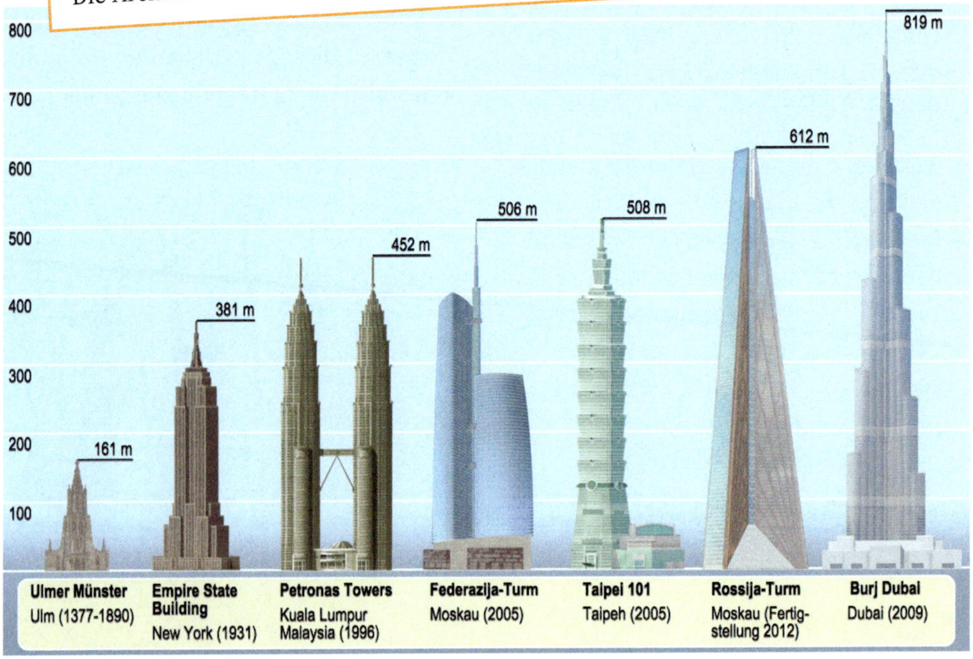

Wolkenkratzer werden teilweise über 500-mal im Jahr von Blitzen getroffen.

Hohe Türme schwanken im Sturm an der Spitze bis zu einem Meter!

Mit dem Aufzug ins All – Wird die Vision bald wahr?

Pfeilschnell jagt er aus den Tiefen der Erde hinauf in den wolkenlosen Himmel: Der derzeit höchste Aufzug der Welt braucht kaum mehr als eine Minute, um auf siebenhundert Meter zu klettern. Damit ist der Fahrstuhl des „Burj Dubai"-Tower der absolute Rekordhalter: Kein Lift der Welt drang bisher in solche Höhen vor.

Verkehrsmittel der Zukunft

Doch im Vergleich zu dem Aufzug, den Wissenschaftler jetzt planen, erscheint der Fahrstuhl aus Dubai geradezu lächerlich. Ihr Modell soll nicht nur siebenhundert Meter, sondern ganze 36 000 Kilometer in die Höhe steigen.
Genauer gesagt: Sie wollen einen Fahrstuhl zu den Sternen bauen [...].

Chris Tomas – weltderwunder.de

Hilf der Vision, wahr zu werden, und entwirf einen Aufzug, der den Passagieren die lange Reise angenehm macht. Denke daran: Ein Aufzug besteht aus einer engen Kabine.

Und wo bleibt der Mensch?

Besteht eine Stadt nun aus faszinierenden Glaspalästen oder aus lebensfeindlichen Betonburgen? Ihr werdet feststellen, dass es unterschiedliche Ansichten zum Thema „Großstadt“ gibt. Wie wäre es, diese Vielfalt in einer Kunstausstellung darzustellen: Vielschichtigkeit erkennen, eine eigene Sichtweise künstlerisch ausdrücken und die Ausstellung planen und umsetzen.

Schritt 1: Sich dem Thema nähern
Sammelt Gedanken zum Thema „Großstadt“. Ordnet sie nach Oberbegriffen.

Schritt 2: Vielfalt erkennen
Dabei helfen Künstler weiter, denn mit dem, was die Stadt mit uns Menschen macht, haben sich viele auseinandergesetzt. Aber wie kann man eine solche Vielfalt ordnen? Hier findet ihr drei Beispiele:

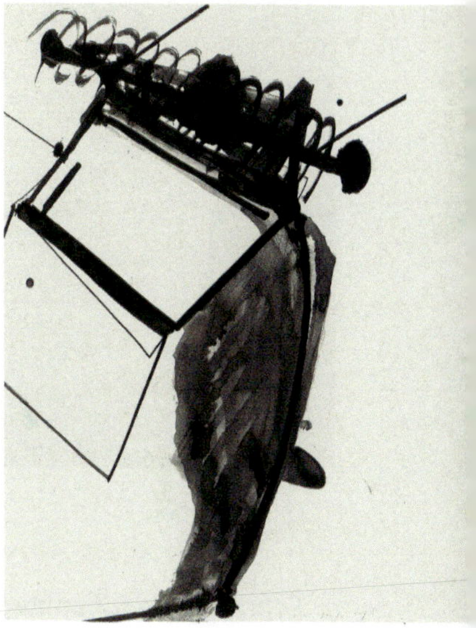

K. R. H. Sonderborg: 10.III.86 22.45 – 23.31, 1986 (112 × 76 cm)

Der genaue Blick: K. R. H. Sonderborg fotografiert zunächst typische Formen der Großstadt. Dann übersetzt er das, was er sieht, in Zeichnungen: Das Gegeneinander von rund und eckig, von zufällig und gezielt, von Spannung und Leere.

Provokationen: Graffiti von Banksy kennt jeder, den Künstler aber nur ganz wenige. Das ärgert die Neugierigen und die Galeristen, die mit dem Verkauf seiner Bilder viel Geld verdienen könnten. Aber Banksy bleibt ein „Phantom“ und fordert die Großstadtbewohner weiter zum Nachdenken auf.

Banksy

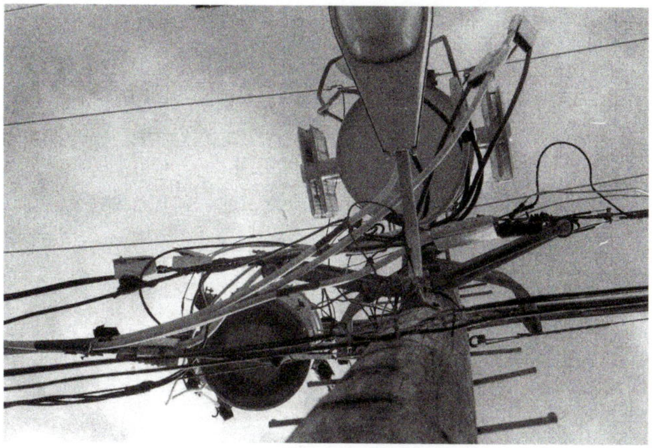

K. R. H. Sonderborg: Chicago Photo, 1986

Vermassung des Einzelnen: Andreas Gursky setzt aus mehreren Fotos ein Gesamtbild zusammen. Das sieht auf den ersten Blick ganz normal aus. Langsam beschleicht den Betrachter aber das Gefühl, dass etwas nicht stimmen kann. In „Copan“ kann man in jedes Zimmer horizontal hineinschauen, obwohl das eigentlich nicht geht. Gursky greift in die perspektivische Wahrnehmung ein.

Andreas Gursky: Copan, 2002 (237 × 301 cm)

Schritt 3: Standpunkte künstlerisch ausdrücken

Gegensätze, Spiegelungen, Lichterspiele, Nacht, Alt trifft Neu: Setzt das Thema in eigene Arbeiten um. Nutzt die Vielfalt künstlerischer Techniken, also Zeichnung, Malerei, Druckgrafik, Fotografie, Film, Installation, Kunst mit dem Computer.

Schritt 4: Präsentieren und ausstellen

Erarbeitet Ideen, die sich durch die ganze Ausstellung ziehen: Passepartouts, Rahmen und Sockel, die die Kunstwerke von der Umgebung abheben. Informationen zum Thema und zu künstlerischen Umsetzungen aus anderen Kunstbereichen wie Lyrik oder Musik geben ein umfassendes Bild.

Wichtig und spannend: Eine Kunstausstellung wird mit einer Vernissage eröffnet. Eine kurze Vorstellung führt die Besucher in eure Absichten ein.

Ein kleines Büfett sorgt für eine entspannte Atmosphäre. Die ist wichtig für Gespräche über euer Projekt.

Geheimnisvolle Zeichen

An Stromverteilerkästen, Betonwänden und Brückenpfeilern sind sie zu finden, die „Tags". Was teilen sie mit? Der Graffiti-Künstler Shark erzählt: „Für uns kam dann 1984 mit Beat Street Graffiti und auch die Einstellung: Okay, wenn du breakst, musst du Rap hören, scratchen, Lieder selber mixen und so. […] Und dann fehlte eben noch das Malen. Wir haben uns dann gefragt: Was malen wir? Natürlich unseren Crewnamen, ist doch klar. Wir hatten damals diese kleinen Eddings, so Dreizehnhunderter, sind durch die ganze Stadt und dann ging das ruck, zuck […]. Zwei Wochen später aber waren da plötzlich Tags von anderen Typen. Und zwar bessere Tags als unsere. Wir haben so geübt und die hatten schon New-York-Style drauf.
[…] Tja, und dann haben wir uns auf den Weg gemacht. Wo sind noch diese Tags? Wir sind durch die ganze Stadt gefahren und im Norden waren immer mehr von denen."

Ist Graffiti Kunst oder Sachbeschädigung? Darüber wird leidenschaftlich gestritten. Eines ist aber ganz klar: Unerlaubtes Sprayen oder Taggen ist strafbar! Sharks Meinung dazu: „Würde ich so kommentarlos unterstreichen, weil ich den Standpunkt der Leute, die dagegen sind, gut nachvollziehen kann."

- Informiere dich über die Bedeutung des Wortes „Tag": im Englischen, im Bereich Graffiti, in der Informatik.
- Entwickle aus deinen Initialen einen Tag. Dazu musst du zuerst einen Buchstabenstil finden, der zu dir passt. Dann suchst du Verbindungen zwischen den einzelnen Buchstaben – die Tags oben zeigen, wie das geht.
  Übe den Tag, er muss schwungvoll geschrieben werden.

Woohah!

Die Journalistin Ariane Barth beschreibt die Anfänge der Hip-Hop-Kultur:

„Es war einmal ein Junge, der im Alter von 13 Jahren aus dem sonnigen Jamaika an die fauligste Stelle des Big Apple verschlagen wurde, in die Bronx. Alsbald nannte er sich Hercules und gehörte zu den Sprayern, die aus den Waggons der U-Bahn rollende Leinwände machten, um aus der Vergessenheit ihres Slums herauszutreten und „Fame“ zu erlangen: Ruhm für ihr Kürzel, ihre Schrift an der Wand, ihr Writing.

Wenn der Junge, der eigentlich Cleve Campbell hieß, nicht sprühte, improvisierte er Block-Parties für ein paar Cents Eintritt. Mit 15 Jahren bezahlte er aus einem Schuhkarton 2000 Dollar für ein mächtiges Sound-System und stach fortan alle Rivalen durch schiere Lautstärke aus. Oft war der Strom von einer Laterne geklaut, wenn DJ Kool Herc auflegte. Mit den weichen Reggae-Rhythmen seiner Heimat konnte er den Kids der Bronx nicht imponieren. [...] So spielte Kool Herc immer nur genau die Stellen mit den Breakbeats, wechselnd von zwei Plattenspielern. Er war der Erfinder einer neuen Musik aus Tonfetzen von alten Platten.

Dazu sprach der DJ als Master of Ceremony, kurz MC genannt, Anweisungen für die Party, damit die Leute ihre Arme in die Luft streckten oder in die Knie gingen, den Körper schüttelten oder im Chor „Woohah“ riefen. Wenn er gut drauf war, feuerte er sein Publikum nach Art jamaikanischer Toasts mit rhythmischem Gequassel in Reimen an: So begann der Rap (von to rap: klopfen, quatschen). Um Eindruck bei den Frauen zu schinden und noch mehr „Fame“ zu sammeln, vollführten die Jungs verrückte Tanzbewegungen und übertrumpften sich durch Akrobatik. Die B-Boys, wie Kool Herc sie nannte, brachten den Breakdance auf. Das wilde Treiben galt in der Bronx als extrem hip, und daraus wurde der Begriff Hip-Hop, der alle Facetten der Underground-Erscheinung umfasste: Writing, DJing, MCing und B-Boying.“

Graffiti kann man nicht verstehen, wenn man die Subkultur, in der sie entsteht und gelebt wird, nicht kennt. Teilt die markierten Begriffe in der Klasse auf und macht euch auf die Suche nach den Ursprüngen der Graffiti-Bewegung. Sammelt Bilder und Fakten.

Sub-Kultur?

Gehören Writing, DJing, MCing und B-Boying zu unserer Kultur wie Kirchenbilder und Walzer? Eine Kultur ist für den Menschen so etwas wie das Wasser für Fische: Man lebt in ihr wie selbstverständlich. Sie wird oft mit einem Eisberg verglichen, weil sie offen erkennbare Bestandteile hat, aber auch verborgene, die unter der Oberfläche des Sichtbaren liegen.
Kultur ist lebendig. Wir bewahren sie, müssen sie aber immer auch weiterentwickeln. In Museen sehen wir auf den ersten Blick nur die obere Seite des Eisbergs. Geübte Menschen erkennen auch die untere. Graffiti und Hip-Hop stehen als Teil unserer Kultur besonders für das Erneuern, weniger für das Bewahren. Sie haben als Subkultur begonnen und sind mittlerweile aber selbst Teil der anerkannten Kultur. Aktuelle Subkulturen sind Skater, Punks oder Emos.

Gestaltet „Eisberge der Subkultur“: Wählt eine ihrer Varianten aus und sammelt Beispiele für ihre Sprache, Texte und Bilder, Kleidung und Lebensformen. Vergesst den verborgenen Bereich nicht. Er ist schwieriger in Worte zu fassen, aber genauso wichtig wie der leicht sichtbare. Ihr solltet die Texte dazu selbst schreiben, damit man euch darin wiedererkennt (und nicht Wikipedia :-)). Daher passen auch eure Tags gut hierher.

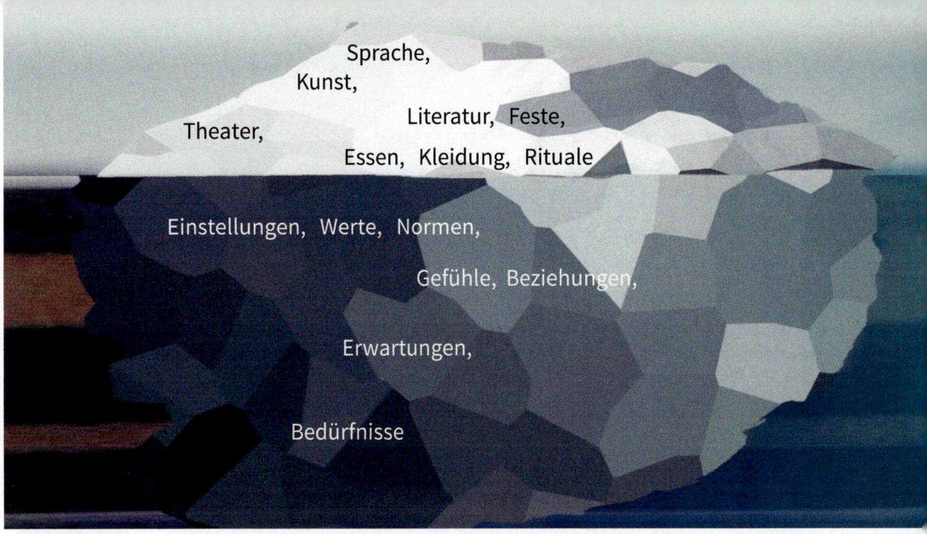

Graffiti

An vielen Orten der Welt sind sie zu finden, diese modernen Wandgemälde. Viele Writer setzen ihre Pieces an graue Betonwände entlang Eisenbahnlinien und an Brücken.

Leider finden sich immer wieder Graffiti an Wohn- und Geschäftsgebäuden. Unerlaubtes Sprayen ist Sachbeschädigung und hat nichts mit Kunst zu tun. Das Strafgesetz stellt schon den Versuch unter Strafe.

Heute haben viele Städte die Qualität von Graffiti erkannt und erlauben sie an ausgewählten Stellen. Diese free walls liegen so, dass die Writer beim Arbeiten nicht durch vorbeifahrende Züge oder Autos gefährdet sind.

Die 3 Stufen von Graffiti:
Planen, Sprayen, Auseinandersetzung der Öffentlichkeit mit der Graffiti

- Beschreibe die Unterschiede der Schrift in den Pieces.
- Auseinandersetzung der Öffentlichkeit? Vertretet in einem Rollenspiel unterschiedliche Standpunkte: Hausbesitzer, Anwohner, Stadtverwaltung, Sprayer.

Die Farbgestaltung ist eine Meisterschaft für sich. Ein Piece hat einen Background und ein Fill in. Ein genauer Blick auf die Details zeigt die Tricks der Writer.

Farbübergänge

Abgrenzung der Buchstaben zueinander

Hintergrund und Umrandung der Buchstaben

Linienelemente

Ein Piece planen und ausführen

Ein Piece kann nicht einmal von Profis spontan auf die Wand gesprüht werden, es muss geplant werden. Das typische Planungsmittel von Künstlern ist die Skizze. Skizzenbücher sind sehr interessant, da man den Planungsweg zum fertigen Kunstwerk nachvollziehen kann. Bei Writern heißen Skizzenbücher Blackbooks. Darin werden Pieces so lange verbessert, bis Inhalt und Form zusammenpassen und sie einen Style haben.

Finde in dem Sketch „Gotik" die einzelnen Buchstaben.

- Schau auf der ersten Seiten des Kapitels nach: Welche Elemente gotischer Kathedralen wurden verwendet?
- Das Orange und das Blau des Backgrounds sind Komplementärfarben. Warum wurde dieser Farbkontrast ausgewählt?

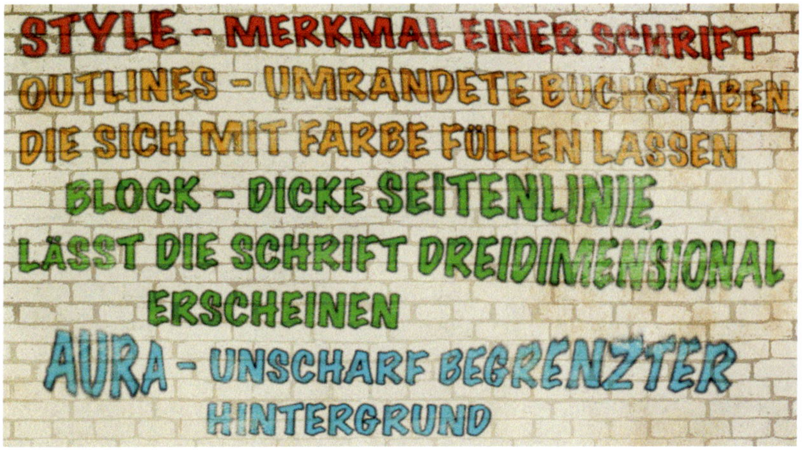

Sucht einen Platz, an dem Sprayen erlaubt ist. Entwickelt Ideen für ein Piece und entwerft es. Dabei könnt ihr in Gruppen vorgehen. Eine Alternative zu Wänden sind große Holzplatten. Wählt die besten Pieces aus und malt sie. Beachtet die Tipps im Teil „Nachgeschlagen".

Stadtgeschichten

Aufmerksamkeit erregen

Christian Hasucha baute an einer befahrenen Kreuzung eine „Insel“, bepflanzte sie mit Rasen und schuf durch ein Geländer eine sichere Zone. Die Anwohner forderte er auf, die Insel in Besitz zu nehmen. Das Foto zeigt, dass die Aktion geklappt hat. Aber eigenartig wirkt das Ganze: Privatleben auf dem Präsentierteller? Der Künstler bezeichnet seine Kunst als „öffentliche Intervention“. Sie ist flüchtig, sodass du beim Betrachten des Fotos versuchen musst, zu verstehen, was Hasucha bewusstmachen will.

Christian Hasucha: Die Insel, 2006

Sich hineinversetzen: Verfasst kurze Texte, einmal aus der Sicht eines vorbeifahrenden Autofahrers, einmal aus der eines Inselbewohners.
Sich auseinandersetzen: Vergleicht, wie sich in euren Geschichten die beiden Gruppen gegenseitig wahrnehmen. Wer außer dem Künstler greift hier noch ein?

Eine Geschichte erzählen … als Comic

Wie erzählt man eine Geschichte mit Bildern, sodass jeder sie versteht und sie auch spannend wirkt? Im Beispiel oben wurde mit verschiedenen Einstellungsgrößen gearbeitet, um die Aufmerksamkeit gezielt auf das entscheidende letzte Bild zu lenken.

- Genau betrachten: Wie ändern sich der Ausschnitt und die Einstellungsgröße von Bild zu Bild?
- Üben: Entwirf eine kurze Fotoreihe, bei der die Aufmerksamkeit auf das letzte Bild gelenkt wird. Für den Anfang eignen sich kleinere Ideen: am Fußgängerüberweg, der Aufzug kommt, der Bus verspätet sich.
- Planen: Für jeden Handlungsstrang der Geschichte, die man darstellen möchte, muss festgelegt werden, wie man ihn umsetzt: Wie zeige ich, dass … Probiere es mit dem folgenden kurzen Text aus.

Erkennen der Situation

SUCHE

Nachdenken

Auflösung: Geldbeutel beim Bäcker

Oh Mist! Ich glaube, jetzt habe ich mich verlaufen. Vorhin an der U-Bahnstation, da stand eine Litfaßsäule. Die Station hier sieht ähnlich aus, aber das altmodische Ding mit den abgerissenen Plakaten fehlt. Wenn nur die Häuser nicht so dicht stehen würden, dann könnte ich das besser überblicken. Eigentlich müsste ich ganz in der Nähe sein …

Wie wäre es mit einem Fotocomic? Dazu werden Fotos in Graubilder umgewandelt und sehr hell ausgedruckt. Anschließend werden sie mit schwarzen Konturlinien versehen und mit Farbstiften koloriert.
Ein entscheidender Vorteil ist, dass man dabei unwichtige Details weglassen und eigene Ideen zufügen kann.
Professionelle Comiczeichner und Regisseure setzen Storyboards ein, um eine Handlung nachvollziehbar und interessant erzählen zu können. Dazu wird die Handlung in Einzelbilder aufgeteilt.

- Einen Fotocomic planen und zeichnen: Aufzug defekt – Shoppen mit Hindernissen – Haben hier nur die Autos Rechte? Denkt euch eine kurze „Stadtgeschichte“ aus und zeichnet ein Storyboard dazu.
- Tauscht die Storyboards untereinander aus und überprüft: Ist die Handlung verständlich? Wurde das Wichtige hervorgehoben? Setzt die überarbeiteten Storyboards in eine Fotoreihe um.

Beispiele mit Buntstiften koloriert

… oder als Film

Wollt ihr lieber einen Film drehen? Dank eurer Smartphones gibt es keine technischen Hindernisse. Aber Vorsicht: Nehmt euch zu Beginn nicht zu viel vor. Lieber klein anfangen als groß scheitern.

Einsteigerprojekt

Ziel	Einen Film zu einem Stadt-Thema drehen: Geschwindigkeit, Häuserschluchten, Gedränge in der U-Bahn usw.
Probeaufnahme	Filmt eure Idee: schnelle Kameraführung, Betonung der Vertikalen, Froschperspektive.
Verbesserung	Schaut euch die Ergebnisse an und diskutiert, wie ihr die beabsichtigte Wirkung verstärken könnt. Filmt die verbesserte Version.
Nachbereitung	Übertragt den Film auf einen Computer. Hinterlegt ihn mit schneller, rhythmischer Musik. Ihr werdet feststellen, dass sich effektvolle Übereinstimmungen zwischen Film und Musik ergeben.

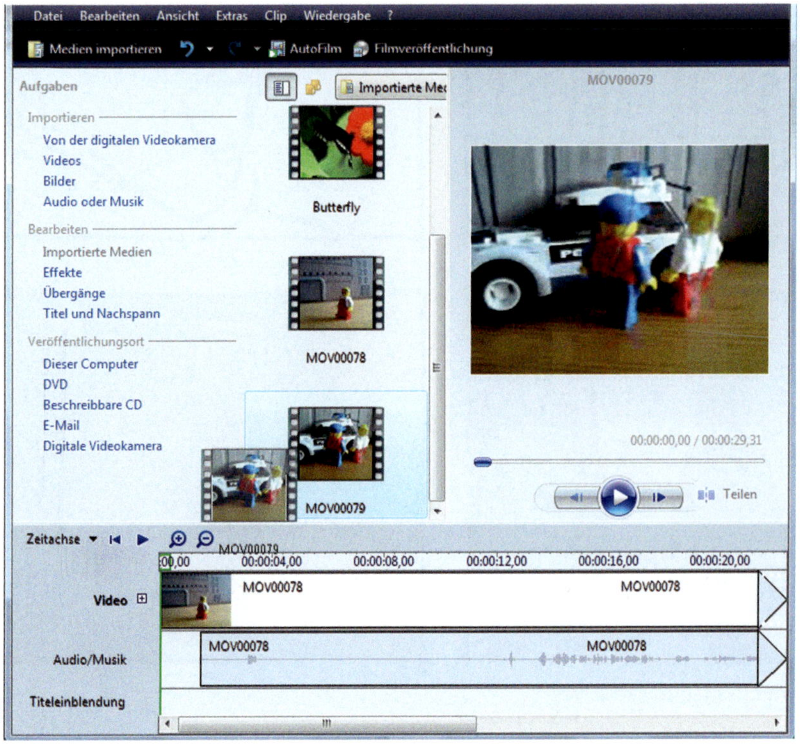

Für die Überarbeitung am Computer gibt es Videoschnittprogramme. Unter Umständen muss der Film vom Smartphone zunächst mit einer Konvertersoftware umgewandelt werden. Unter dem Suchbegriff „Videoformat konvertieren" findet ihr Freeware-Programme.

Projekt für Fortgeschrittene: Videoclip

Ziel	Euer Ziel ist es, den Charakter einer Musik umzusetzen: schnell, soft, traurig, euphorisch, verliebt, cool. Ihr braucht das Musikstück nicht exakt in Bilder umzusetzen, das können nur Profis.
Vorbereitung	Wählt einen Song aus, der euch von der Melodie und vom Rhythmus her gefällt. Messt die Teile des Musikstücks mit der Stoppuhr: Intro, Strophen, Refrain, Breaks und Bridges (Verbindungsstücke), Outro (Schluss). Dieses Ablaufmuster des Musikstücks gliedert euren Film: Ordnet jedem Teil einen Inhalt zu. Intro und Outro gehören zusammen, ebenso der Refrain.
Filmaufnahme	Filmt die einzelnen Teile.
Nachbearbeitung	Kopiert sie am Computer hintereinander, schneidet sie auf die Länge der Musikteile. Am Ende hinterlegt den Film mit der Musik.

Projekt für Profis

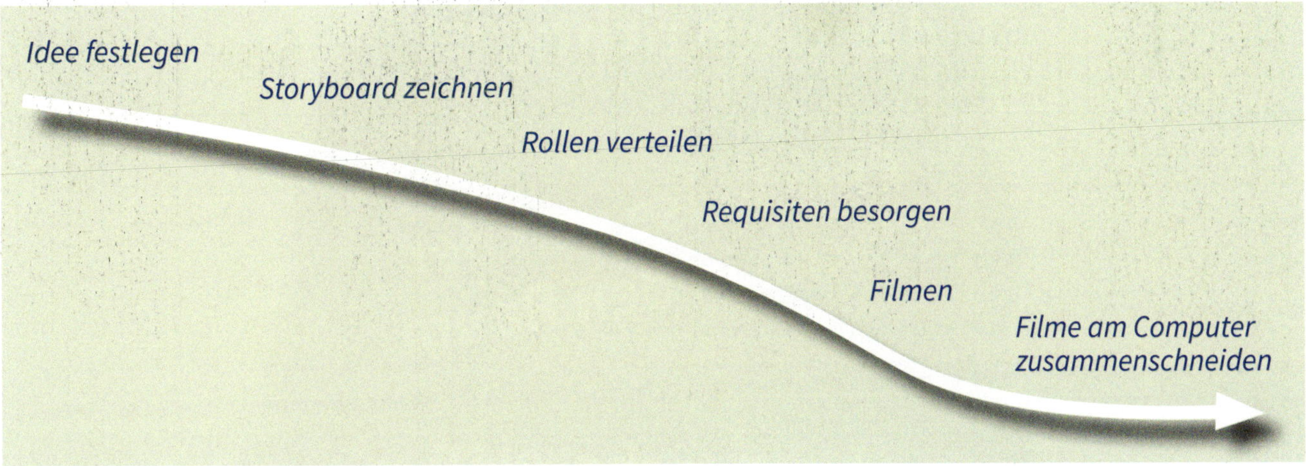

Praxistipps:
- Stativ verwenden.
- Ein (langsamer) Schwenk gibt einen Überblick über den Drehort.
- Legt vor dem Filmen den Anfangs- und Endpunkt des Schwenks fest.
- Durch Zoomen lässt sich die Einstellungsgröße ändern. Sehr langsam zoomen!
- Szenenübergänge können als harter Schnitt oder als weiche Überblendung gestaltet werden. Schnitte und Überschneidungen werden erst beim Schneiden hergestellt.

In diesem Kapitel geht es um:

Virtuelle Räume

Kunst, die nicht flach ist

Falsches, das doch richtig ist

Eine Reise von der Fläche in den Raum

Augentäuschereien

Länge mal Breite mal Null

Eintritt frei

René Magritte:
Die unerwartete Antwort, 1933
(82 x 54,5 cm)

Länge x Breite x Null

Ohne Tiefgang?

„Ein Bild ist – bevor es ein Schlachtpferd, eine nackte Frau oder irgendeine Anekdote darstellt – vor allen Dingen eine plane Fläche, die in einer bestimmten Ordnung mit Farben bedeckt ist“, hat der Künstler Maurice Denis einmal gesagt. Viele Künstler im 20. Jahrhundert haben diese Idee aufgegriffen und Kunstwerke hergestellt, die die Flächigkeit der Leinwand nicht verändern.
Malerei, Zeichnung und Druckgrafik bezeichnet man auch als Flächenkünste, da sie auf einer zweidimensionalen Fläche hergestellt werden.

Piet Mondrian: Tableau 1 mit Schwarz, Rot, Gelb, Blau und Hellblau, 1921 (96,5 × 60,5 cm)

Piet Mondrian hat in seinem Bild kein erkennbares Motiv gemalt, sondern eine reine Komposition hergestellt.
Dazu war es notwendig, sich die Aufteilung des Bildes gut zu überlegen und die einzelnen Flächen geschickt zu verteilen. Ein wichtiger Gedanke ist dabei das optische Gewicht der Flächen. Damit ist gemeint, dass sie leicht oder schwer auf uns wirken können.
So kann man bestimmen, ob das Bild in einem Gleichgewicht ist oder nicht.

Piet Mondrian: „Was will ich in meinem Werk ausdrücken? Schönheit auf der ganzen Linie und Harmonie durch das Gleichgewicht der Beziehungen zwischen Linien, Farben und Flächen zu erreichen. Aber nur auf die klarste und stärkste Weise.“

Große Flächen wirken schwerer als kleine, helle Flächen wirken leichter als dunkle.

- Ist ihm das im Bild gelungen? Könnte man es auch andersherum aufhängen? Überprüfe es, indem du dein Buch drehst.
- Im Zitat beschreibt Mondrian sein Anliegen. Harmonie könnte man auch durch die Darstellung einer glücklichen Familie oder eines Liebespaares ausdrücken. Was ist der Vorteil von Mondrians abstrakter Darstellung?
- Künstlern wie Piet Mondrian begegnet man oft mit dem Vorwurf: „Das soll Kunst sein?“
  Unterteile ein DIN-A4-Blatt durch einige dickere, senkrechte und waagerechte schwarze Linien.
  Male nun die entstandenen Flächen in einer Grundfarbe, in einem Grauton oder in Weiß aus und bemühe dich, das Bild in ein Gleichgewicht zu bringen.

„Falsch" und doch richtig

Was ist hier wichtig?

Perikopenbuch Heinrichs II.: Die Verkündigung an die Hirten, um 1010 (42,5 × 32 cm)

Natürlich sind Bilder nur Flächen. Wir leben aber in einer dreidimensionalen Welt. Schon sehr früh haben Menschen versucht, dies auch in Bildern wiederzugeben. Dabei kam es nicht immer darauf an, alles genau so darzustellen, wie wir es in Wirklichkeit sehen.
Im Mittelalter konnten viele Menschen nicht lesen und schreiben. Es war daher wichtig, dass man ihnen die Geschichten aus der Bibel in Bildern erzählte.
Die Darstellungen waren aber immer auch Interpretationen der Texte. Damit die Menschen sie in ihrem Sinne verstanden, wandten die Künstler die sogenannte Bedeutungsperspektive an. Dazu malten sie die Dinge, die ihnen wichtig waren, einfach viel größer als die anderen Dinge, ohne Rücksicht auf die richtigen Proportionen zu nehmen.
Im nebenstehenden Bild wird die Verkündigung an die Hirten erzählt. Dem Maler war der Engel dabei besonders wichtig.

- Kannst du dir eine andere Interpretation vorstellen? Wie würde das Bild dann aussehen?
- Stelle eine Collage zu einem selbst gewählten Thema her, in der du mit dem Mittel der Bedeutungsperspektive deutlich machst: Das ist mir wichtig!

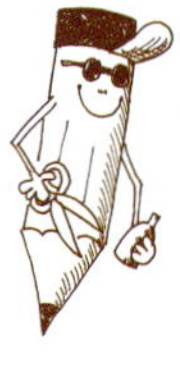

Trotzdem wahr?

Auch der Maler Paul Cézanne hat in seinem Bild „Fehler“ gemacht. Man sieht z. B. den Tisch und den Milchkrug gleichzeitig von vorne und oben. Das ist in der Wirklichkeit natürlich nicht möglich. Cézanne selbst hat seine Gestaltung nicht als falsch empfunden.

In einem berühmten Satz sagte er: „Die Kunst ist eine Harmonie, die parallel zur Natur verläuft. Was soll man von den Dummköpfen halten, die behaupten, dass der Künstler immer der Natur unterlegen ist?“

Paul Cézanne: Stillleben mit Milchkrug und Früchten, um 1890 (59,5 × 72,5 cm)

Überprüft am Bild von Cézanne:

- Warum glaubt er, der Natur nicht unterlegen zu sein?
- Welche Vorteile bietet seine Gestaltung gegenüber einer „richtigen“ Darstellung?

Alles auf einmal

Meister Francke hat in seinem Bild die Bedeutungsperspektive angewandt. Offensichtlich war ihm Maria besonders wichtig. Aber noch etwas ist im Bild ungewöhnlich: Entsprechend der Idee der biblia pauperum erzählen mittelalterliche Bilder oft ganze Geschichten in einem Bild. Wenn Ereignisse gleichzeitig dargestellt sind, die eigentlich hintereinander passiert sind, nennt man das Simultaneität.

Meister Francke:
Anbetung des Kindes, 1424
(99 × 88,8 cm)

- Lies die Weihnachtsgeschichte in der Bibel nach: Welche Elemente der Geschichte findest du im Bild von Meister Francke wieder?
- Erzähle selbst einmal eine längere Geschichte in einem Bild. Sicher findest du eine interessante Textvorlage in deinem Bücherregal oder auch im Deutschbuch, z. B. eine Ballade oder eine Moritat.

Auch im zwanzigsten Jahrhundert gab es Künstler, die in ihren Bildern vieles auf einmal darstellen wollten. Einer von ihnen war Robert Delaunay. 340 Jahre nach Meister Franckes „Anbetung des Kindes“ hat er den Eiffelturm gemalt, aber … stürzt er ein oder explodiert er?

Sein Freund Blaise Cendras berichtet von der Vorbereitung des Bildes: „Hier unsere Reise in und um den Eiffelturm. […] Der Turm streckte sich über Paris fein wie eine Hutnadel. Wenn wir uns von ihm entfernten, dominierte er über Paris, wenn wir uns ihm näherten, neigte er sich und beugte sich über uns. Gesehen von der ersten Plattform, schraubte er sich nach oben, gesehen von der Spitze fiel er in sich zusammen, die Beine gespreizt, den Hals eingezogen. Delaunay wollte gleichzeitig Paris um ihn herum wiedergeben, ihn einbauen. Wir haben alle Standpunkte versucht, wir haben ihn betrachtet unter verschiedenen Winkeln, in allen Ansichten […].“

Robert Delaunay arbeitete im Stil der Kubisten. Man sagt von ihnen, sie malen keine Bilder von den Dingen, sondern Bilder über die Dinge. Kann man die Aussage am Bild von Delaunay erklären?

Robert Delaunay: Eiffelturm, 1910 (169 × 129 cm)

Die Technik der Kubisten kannst du auch nutzen:
Erstelle eine Collage, in der du verschiedene Aspekte/Ansichten/Perspektiven von einem Erlebnis oder von einer Sache zu einem Bild zusammenfügst, um eine umfassendere Darstellung zu erreichen

So tun als ob

Nach dem Mittelalter fanden die Maler Methoden, um die Welt in Bildern so darzustellen, wie sie sie wirklich sahen. Dazu entwickelten sie Möglichkeiten, auf der Bildfläche die Illusion eines Raumes entstehen zu lassen.
Ein beeindruckendes Beispiel liefert der Maler Canaletto in seinem Bild. Wir haben das Gefühl, viele Hundert Meter den Canale Grande in Venedig hinuntersehen zu können. Diese naturgetreuen Bilder konnten die Maler herstellen, weil sie die Welt sehr genau beobachteten und auch technische Hilfsmittel benutzten, unter anderem die camera obscura. Trotzdem brauchten sie Monate, bis solch ein Bild fertig war.
Oft handelte es sich um Auftragsarbeiten reicher Bürger und Adliger.

Würdet ihr heute bei einem Maler solch ein Bild in Auftrag geben? Was spricht dafür, was spricht dagegen?

Canaletto: Canale Grande, 1738
(125 × 205 cm)

Davor, dazwischen und dahinter

Ein wichtiges Hilfsmittel, um Räumlichkeit zu erkennen, ist die Figur-Grund-Beziehung. Dabei nutzt unsere Wahrnehmung eine einfache Erfahrung: Das, was vor einer anderen Sache steht, verdeckt diese. Immer wenn wir eine Überschneidung von zwei Flächen sehen, können wir daher genau sagen, welche Fläche vorne und welche hinten liegt. Deshalb kann man im Bild von Canaletto die Reihenfolge der Boote sehr genau bestimmen.
Der Künstler M. C. Escher hat ein Werk geschaffen, das in witziger Weise mit dem Prinzip der Figur-Grund-Beziehung spielt. Wo kann man in seinem Bild nicht mehr erkennen, was Motiv und was Hintergrund ist?

M. C. Escher: Luft und Wasser I, 1938 (44 × 44 cm)

Gestalte ein Bild mit vielen Einzelmotiven, die nebeneinander stehen oder liegen, z. B. eine Krimskrams-Schublade oder eine Landschaft. Gestalte einige Zwischenräume so, dass sie auch ein erkennbares Motiv ergeben.

Hinten ist höher als vorne

Ebenfalls aus unserer Alltagserfahrung abgeleitet ist das Prinzip der relativen Höhenlage, um die Illusion einer Räumlichkeit auf einer Fläche zu erzeugen:
Die Dinge, die höher im Bild liegen, scheinen uns weiter hinten zu liegen.
In seinem Bild vom endlosen Wasserfall nutzt M. C. Escher das Prinzip der relativen Höhenlage aus, um unsere Wahrnehmung zu täuschen. Er lässt das Wasser nach hinten (= nach oben) laufen, bis es wieder über dem Ausgangspunkt angelangt ist. Nun lässt er das Wasser von „oben“ nach „unten“ fallen.

oben

unten

M. C. Escher: Wasserfall, 1961 (37,8 × 30 cm)

- Stelle selbst witzige Täuschungen her, die das Prinzip der relativen Höhenlage ausnutzen. Zeichne zum Beispiel eine Kugelbahn oder eine kurvige Straße und stelle unmögliche Verbindungen her: Leitern, Brückenpfeiler, Kletterseile …
- Bastle dir einen Sucher aus Pappe oder mache Fotos.
  Überprüfe, ob die Dinge, die näher bei dir sind, tatsächlich tiefer im Sucher oder auf den Fotos liegen.
  Stimmt die Regel auch für die Wolken am Himmel?

Großes ganz klein

Große Schwester und kleine Schwester

„Hilfe, die Stadt schrumpft!“, könnten wir meinen, wenn wir das Bild von Canaletto betrachten. Aber natürlich gibt es keinen Grund zur Sorge: Wenn wir in einer realen Landschaft in die Tiefe schauen, werden die Dinge im Hintergrund aufgrund optischer Gesetze in unserem Auge immer kleiner abgebildet. Das kann dir dein Physiklehrer erklären. Canaletto hat also nur abgebildet, was wir in der Wirklichkeit auch sehen.
Unser Gehirn korrigiert diesen „Fehler“, indem es die Dinge im Hintergrund automatisch in ihrer eigentlichen Größe wahrnimmt.
Deshalb kann unser Gehirn auch an dieser Stelle in die Irre geführt werden. Wir sprechen dann von einer optischen Täuschung.
„Große und kleine Schwester“ siehst du im Bild rechts oben. Miss ihre Größen doch einmal nach …

- Mache Fotos von Motiven, bei denen die Größenabnahme eine wichtige Rolle spielt: Straßenzüge, Landschaften usw. sind besonders geeignet.
- Experimentiere mit dem Fotoapparat und spiele mit der Tatsache, dass die Motive im Hintergrund scheinbar kleiner sind.

Raffael: Die Schule von Athen, 1510 (Breite 7,72 m)

Zur Zeit der Renaissance haben die Maler eine Konstruktionsweise wiederentdeckt, mit der sie die Größenabnahme der Dinge naturwissenschaftlich genau konstruieren konnten, die sogenannte Fluchtpunktperspektive.

Ein gutes Beispiel ist das Fresko von Raffael: In seinem großen Wandgemälde stellt er täuschend echt einen großen Raum dar, in dem sich fast alle großen griechischen Denker versammelt haben. In der Bildmitte gehen die beiden berühmtesten Philosophen der griechischen Antike: Platon und Aristoteles. Im Internet kannst du viel über dieses Bild und die dargestellten Personen erfahren. Findest du z. B. Pythagoras, den Erfinder des berühmten mathematischen Satzes?

Wenn du mehr über die Fluchtpunktperspektive in diesem Bild erfahren möchtest, solltest du diese Seite einmal umschlagen.

Die Abbildung zeigt die perspektivische Konstruktion des Bildes von Raffael.

- Bestimme, welche Kanten alle auf den Augenpunkt zulaufen.
- Schlage die Seite um und versuche, die Kanten im Bild von Raffael wiederzufinden.
- Wo befindet sich dort der Augenpunkt? Hast du eine Idee, warum Raffael ihn an dieser Stelle festgelegt hat?

Mache Fotos von Innenräumen aus unterschiedlichen Positionen. Achte darauf, dass du die Kamera parallel zur gegenüberliegenden Wand hältst. Zeichne in die Fotos die Fluchtlinien ein.

Raffael hat in seinem Bild eine Sonderform der Fluchtpunktperspektive angewandt: die Zentralperspektive. Dabei steht der Betrachter genau im rechten Winkel zur gegenüberliegenden Wand. Diese Form der Perspektive kann man gut bei der Gestaltung von Innenräumen und Straßenschluchten anwenden.

Wenn du selbst einmal eine zentralperspektivische Darstellung konstruieren möchtest, musst du Folgendes beachten:

Ausgangspunkt der Konstruktion ist der Augenpunkt. Dieser ist durch die Augenhöhe und die Position des Betrachters festgelegt.
Als Zeichner kann man diesen Punkt festlegen, bei einem Foto entspricht er der Position der Kamera.
Der Augenpunkt ist gleichzeitig der Fluchtpunkt der Linien, die vom Betrachter wegführen und in Wirklichkeit horizontal und parallel sind. Sie (oder ihre Verlängerung) laufen in diesem Punkt zusammen. Dies sind in einem Innenraum z. B. die Wand-Decken-Kanten und Wand-Boden-Kanten.
Alle senkrechten Kanten bleiben in der Zeichnung senkrecht. Alle in der gegenüberliegenden Wand waagerechten Linien bleiben immer waagerecht.

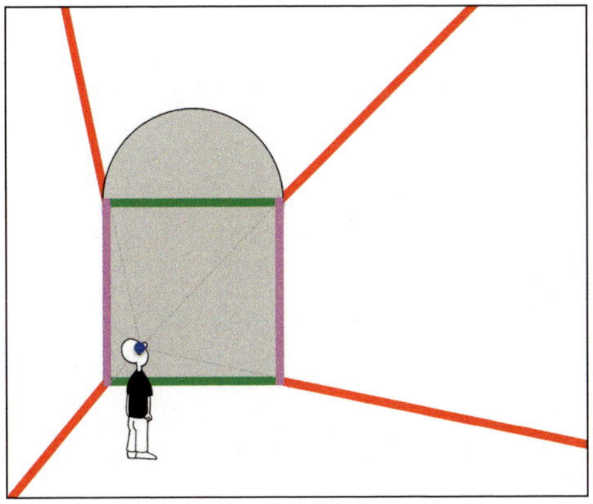

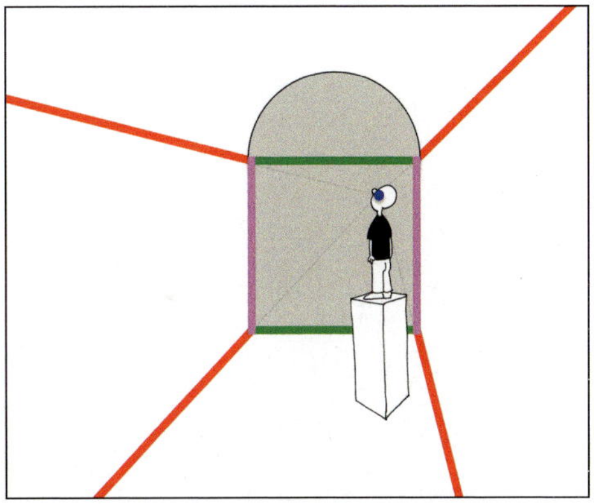

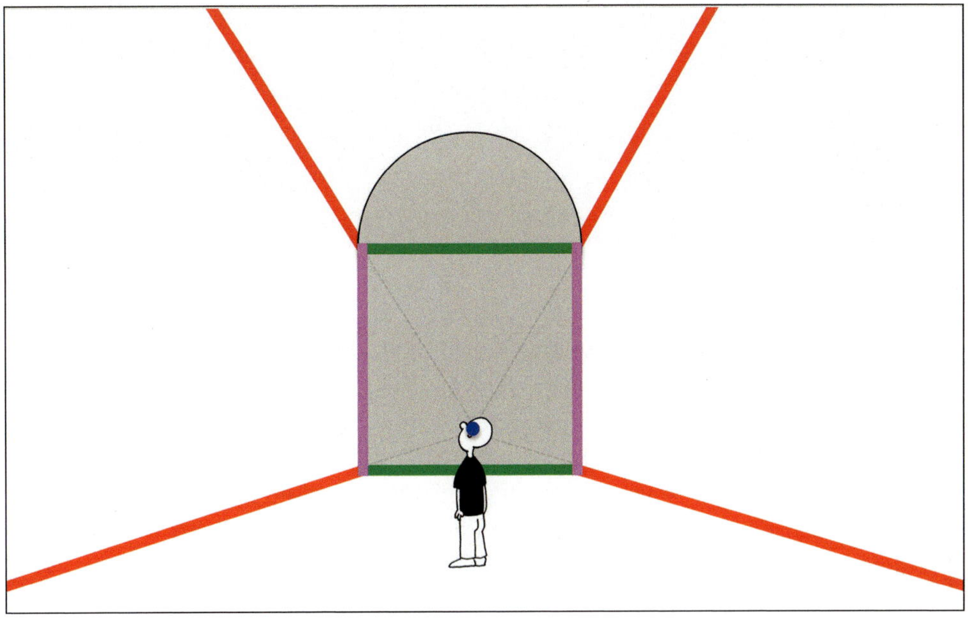

Unendliche Weiten

Caspar David Friedrich: Der Watzmann, 1824 (133 × 170 cm)

Warst du schon einmal im Gebirge und hast einen Berg bestiegen? Dann kannst du abschätzen, wie lange der Aufstieg auf den Watzmann im Bild von Caspar David Friedrich dauern würde. Der Berggipfel scheint endlos weit entfernt zu sein. Um diese Wirkung zu erreichen, hat der Maler die Farbperspektive und die Luftperspektive eingesetzt. Er ahmt damit nach, dass bestimmte Farben von sich aus in den Hintergrund drängen und andere in den Vordergrund. Außerdem werden die Farben im Hintergrund aufgehellt.

Lege einen Farbauszug an: Welche Farben verwendet Caspar David Friedrich im Vordergrund, welche im Hintergrund? Setze die Farben in eine einfache Schemazeichnung ein und beobachte die Wirkung.

Die beiden schematischen Darstellungen zeigen jeweils den Blick auf eine Tür und ein Fenster in einem Raum. Das Beispiel macht die Wirkungsweise der Farbperspektive sehr deutlich: Blautöne ziehen sich in den Hintergrund zurück, Rottöne drängen in den Vordergrund.

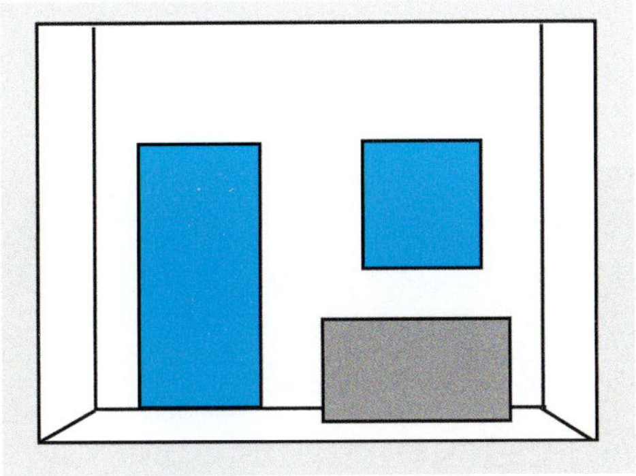

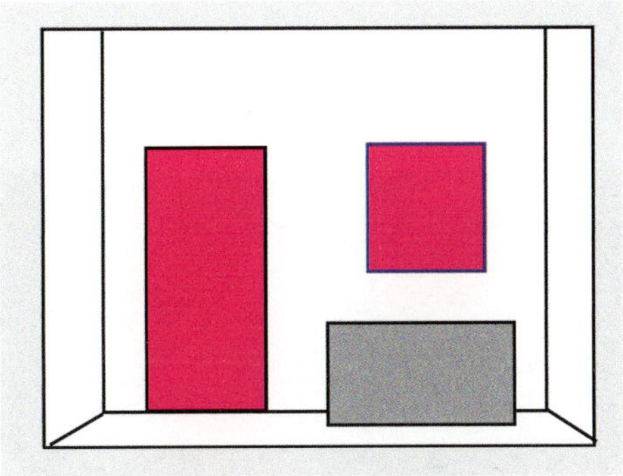

Gustave Courbet zeigt uns in seinem Bild zwei schwer arbeitende Straßenarbeiter. Sie können keine Hoffnung haben, ihrem Schicksal zu entgehen, und arbeiten von der Jugend bis zum Alter in diesem schweren Beruf. Um die Ausweglosigkeit der Situation deutlich zu machen, setzt er die Luftperspektive umgekehrt als bei Caspar David Friedrich ein. Belege dies an den Bildern.

Gustave Courbet: Die Steinklopfer, 1849 (159 x 259 cm, 1945 zerstört)

Virtuelle Welten

Andrea Pozzo: Himmelfahrt des heiligen Ignatius, Deckenfresko, 1661 – 1694

In vielen Kirchen der Barockzeit wurden täuschend echte Bilder gemalt. Andrea Pozzo hat z. B. an die Decke der Kirche St. Ignatius in Rom ein Bild gemalt, das so aussieht, als könne man in den Himmel schauen. Geschickt hat er dabei die wirkliche Architektur in seinem Bild weitergeführt.

- Kannst du die Teile der wirklichen Architektur und die gemalten Teile unterscheiden? Welche Mittel zur Erzeugung eines Raums hat Pozzo eingesetzt?
- Was sollte das Gemälde bei den Besuchern der Kirche bewirken?

Aus Computerspielen weißt du, dass dort in oft verblüffender Grafikqualität Scheinwelten erzeugt werden, in die man sich als Spieler richtig verlieren kann.

- Vergleicht: Was musste Andrea Pozzo können, um sein Bild zu gestalten, was müssen die Gestalter von Spielewelten für Fähigkeiten besitzen?
- Diskutiert in der Klasse: Sind die Grafiken in den Computerspielen Kunst?
- Macht Screenshots von verschiedenen Computerspielen und vergleicht den Realitätsgehalt. Warum bemühen sich die Programmierer darum, die Bilder immer realistischer werden zu lassen? Es sind doch nur Spiele …
- Erzeuge selbst virtuelle Welten: Erstelle eine Bildmontage oder eine Collage. Wenn du über die technischen Möglichkeiten verfügst, kannst du das auch am Computer machen.

Screenshot aus Myst IV

Mit den Augen wandern

Es gibt Bilder, die vermitteln uns den Eindruck, wir könnten endlos weit sehen, obwohl sie doch eigentlich nur eine Fläche sind. Weil dieser Raum nicht wirklich im Bild existiert, spricht man von einem Bildraum.
In einer realen Landschaft kann man wandern. Das kann man in einem Landschaftsbild auch, aber auf eine andere Weise: Man muss es mit den Augen tun.

Als Betrachter können wir das oben abgebildete Foto „betreten". Wie ermöglicht uns der Fotograf eine Wanderung durch das Bild?

Innerhalb eines Bildes übernehmen Linien die Führung der wandernden Augen. Sie können den Betrachter in die Bildtiefe führen oder es bewusst vermeiden. Eine wichtige Rolle spielt dabei die „Leserichtung“. In unserem Kulturkreis haben wir gelernt, Schrift von links nach rechts zu lesen. Dieses Verhalten übertragen wir auf das Betrachten von Bildern. Das kann in einem kleinen Experiment deutlich werden: Bei welcher Diagonale geht es bergauf, bei welcher bergab?

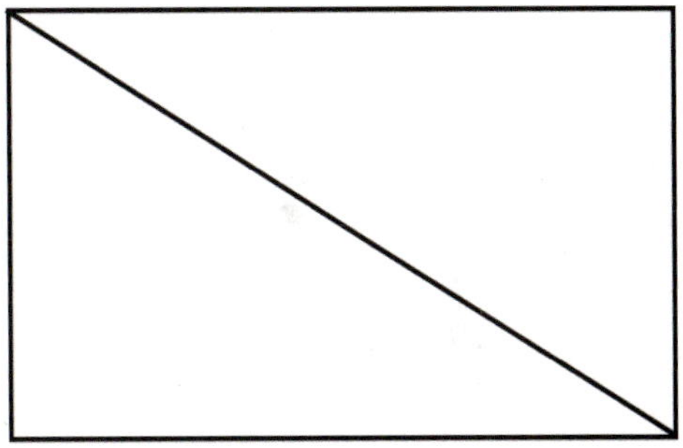

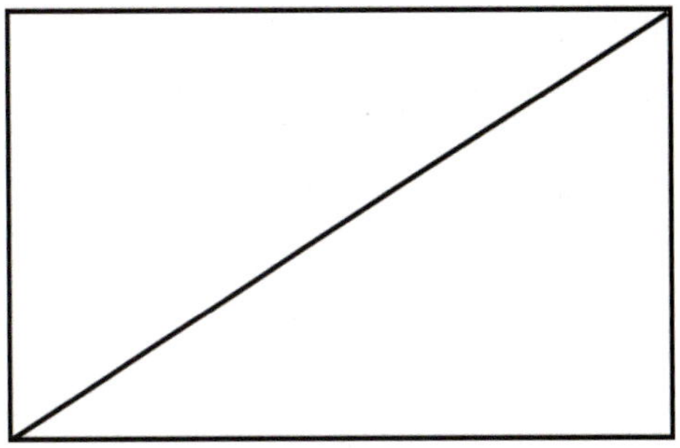

- Bewerte die drei Fotos dieser Doppelseite unter den Aspekten Bildzugang, Blickführung und Bildraum. Begründe deine Beobachtungen.
- Mit dem Fotoapparat kannst du selbst gut experimentieren: Nimm Fotos auf, die es dem Betrachter ermöglichen, in das Bild einzutreten und in ihm zu „wandern“. Du kannst auch Fotos machen, in denen du dem Betrachter den Bildzugang bewusst versperrst.

Kunsträume

Durchblicke

Lucio Fontana: Conzetto spaziale, Attese 1961

Lucio Fontana (1899 – 1968) wurde damit bekannt, dass er Leinwände durchlöcherte oder aufschnitt und damit eine völlig neue Kunstform schuf.

Überlege dir Möglichkeiten, aus einem einfachen Schreibmaschinenpapier ein „Raumkonzept“ zu machen: Falte, zerknülle, reiße …

Mit spitzen Gegenständen hat Lucio Fontana die einfarbige Leinwand aufgeschlitzt und damit einen verblüffenden Effekt erreicht: Da sich die Leinwand an den Schnitten wölbt, hat er die Zweidimensionalität der Leinwand aufgehoben. Und dann gibt es da noch die Schnitte, die zum Hindurchschauen einladen …
Alle Werke dieser Art nannte er „Conzetto spaziale“, was übersetzt „Raumkonzept“ bedeutet. Kann man etwas entdecken, wenn man durch die Schlitze späht?

Es gibt tatsächlich Flächen, hinter denen sich etwas Überraschendes verbergen kann. Und häufig haben diese Flächen „Löcher“, die uns Einblick gewähren in eine Welt dahinter.

- Bohre ein Guckloch in einen geschlossenen Schuhkarton und gestalte den Innenraum möglichst überraschend für den Betrachter.
- Bastle eine kleine Tür aus fester Pappe und bohre einen Türspion hinein. Stelle die Tür an verschiedene Orte und schaue hindurch.

Flach und doch hoch

Ein Relief ist eine Zwischenform zwischen einem flächigen Kunstwerk und einer Freiplastik. Das Relief von Michelangelo ist nur wenige Zentimeter dick. Wie groß wird der Abstand zwischen der Madonna im Vordergrund und den Kindern im Hintergrund in Wirklichkeit sein?
An Prägungen von Münzen kannst du sehen und überprüfen, wie wichtig die Kantengestaltung eines Reliefs ist. Da diese das Licht reflektieren und Schatten werfen, haben wir das Gefühl, tatsächliche Körper vor uns zu haben, obwohl die Motive oft nur millimeterhoch sind. Im Gegensatz zu einer Malerei verändert sich ein Relief je nach Beleuchtung deutlich. Probiere das mit Münzen einmal aus.

Michelangelo Buonarroti:
Madonna an der Treppe, um 1490
(55,5 × 40 cm)

Grundsätzlich gelten im Relief die Regeln aus dem Abschnitt „So tun, als ob". Welche Möglichkeiten kommen beim Relief hinzu?

Im Bereich der plastischen Kunst gibt es verschiedene technische Möglichkeiten. Man kann das Material (z. B. Ton) verformen, man kann Material wegnehmen (z. B. von einem Steinblock) oder man kann Material zusammenfügen. Außerdem kann man von Formen Abgüsse machen.

In Ton gedrücktes Relief – mit Gips abgegossen

- Drücke verschiedene Materialien in eine Tonplatte und gieße das Ergebnis mit Gips aus. So erhältst du sehr naturgetreue Formen. Denke daran: Je tiefer du die Dinge in den Gips drückst, umso weiter stehen sie im Gipsabguss vor.
- Bastle ein Papprelief von einer Stadtansicht oder einer Landschaft, indem du dünne Pappschichten aufeinanderklebst. Du musst mit dem Hintergrund anfangen!
- Entwirf eine Münze in einem vergrößerten Maßstab oder eine Medaille in Ton. Bemühe dich, die Münze so flach wie möglich zu gestalten.
- Suche in deiner Umgebung nach Oberflächen, die eine interessante reliefartige Oberfläche haben. Fotografiere sie so, dass das Relief möglichst plastisch wirkt.

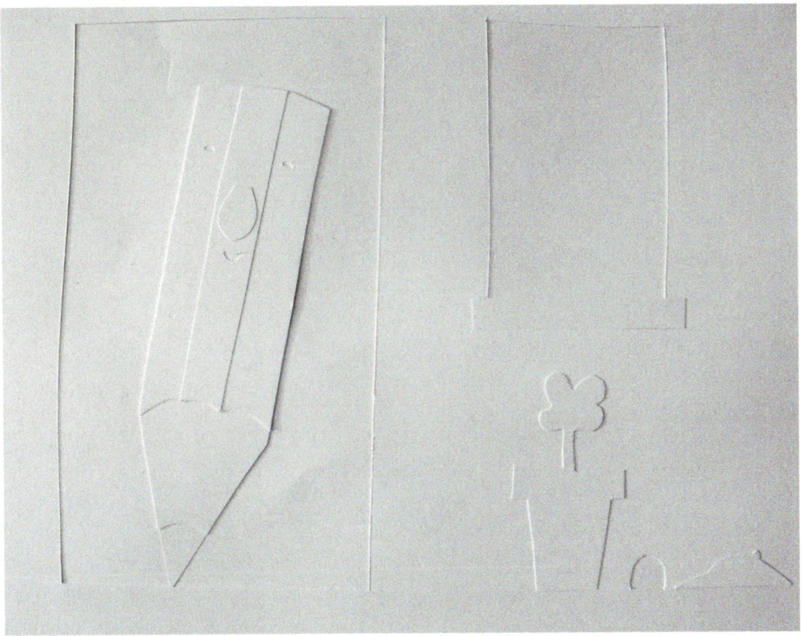

Stummel im Papierrelief

Echt?

Tom Wesselmann: Still life No. 20, 1962 (121 × 121 × 26,2 cm)

Robert Longo: Jetzt alle, 1882/83 (243,9 × 487,7 cm und 200,7 × 71,1 × 114,3 cm)

Tom Wesselmanns Werk bezeichnet man als Combine Painting, da er gemalte Teile mit realen Gegenständen kombiniert. Was ist „echt", was nicht?
Auch Robert Longo schafft eine Kombination zwischen einem flächigen Bild und einer davorstehenden Figur, die mit dem Bildinhalt in Zusammenhang steht.

- Wären die realen Objekte in die Bilder hineingemalt: Was wäre der Unterschied für einen Betrachter des Kunstwerks?
- Stelle ein Combine Painting her, indem du verschiedene Realitätsebenen verbindest. Suche dir dazu ein Bild aus oder male selbst eins und verbinde es mit einem realen Gegenstand, den du davor stellst.

Körper

Vollplastiken haben sich vollständig aus der Fläche gelöst. Sie selbst bilden einen Körper und stehen im Raum. Deshalb nennt man sie auch „Freiplastiken“. Doch es gibt Unterschiede in der Gestaltung: „Der Kuss“ von Constantin Brancusi ist eine sogenannte „geschlossene Plastik“. Sie bildet einen Block, aus dem keine Teile in den Umgebungsraum ragen, wie es bei raumgreifenden Plastiken der Fall ist. Ein Beispiel findest du in der Skulptur von Antonio Canova auf der nächsten Seite. Kannst du die unterschiedliche Wirkung der Figurengruppen bestimmen?

Constantin Brancusi: Der Kuss, 1916 (58,4 × 33,7 x 25,4 cm)

Um Freiplastiken kann man, anders als bei einem Bild oder Relief, herumgehen und sie von allen Seiten betrachten. So ergeben sich immer neue Ansichten. Was mussten die beiden Künstler dabei bedenken?

Antonio Canovas Skulptur hat viele frei stehende Motivteile und ist kein Block, sondern ermöglicht immer wieder Durchblicke.
Das wirkt sehr viel lebendiger und freier und die Zwischenräume verbinden die Figur stärker mit der Umgebung, in der sie stehen.
Vor welchem Hintergrund würdest du die Skulptur von Canova fotografieren?

Antonio Canova, Amor und Psyche, 1793 (155 × 168 × 101 cm)

Lass dir Motive einfallen, die zu einer raumgreifenden Gestaltung passen würden. Mache Skizzen davon oder stelle sie nach und fotografiere sie.

Wo bin ich hier?

Olafur Eliasson: weather project, 2003 (Turbinenhalle der Tate Gallery London)

Der dänische Künstler Olafur Eliasson hängte in einer großen Halle der Tate Gallery in London einen riesigen Halbkreis auf, der wie eine Sonne leuchtete und dessen Licht von einer großen Spiegelfläche an der Decke reflektiert wurde. Mit wenigen Mitteln hatte er einen ganzen Raum zu einem Kunstwerk gemacht, den die Besucher betreten konnten. Das Publikum war begeistert: Über zwei Millionen Menschen haben die Rauminstallation besucht.

Das Kunstwerk besteht nicht nur aus der Installation. Beobachte die Menschen in der Abbildung. Was tun sie? Versuche, ihr Verhalten zu erklären.

Das Künstlerehepaar **Christo und Jeanne-Claude** hat 2005 auf den Wegen des Central Parks in New York 7 503 Tore aufgestellt, von denen safrangelbe Tücher herabhingen. 14 Tage lang konnten die Menschen unter den fünf Meter hohen Toren hindurchgehen. Die Land Art benutzt die Landschaft für das Kunstwerk.

Christo und Jeanne-Claude: The Gates, 2005

René Magritte: Die unerwartete Antwort, 1933 (82 × 54,5 cm)

- Denkt einmal an eure Klassentür, die ihr jeden Morgen im Schuljahr durchschreitet. Ihr wisst, was euch erwartet. Kann man das nicht ändern?
- Sammelt Ideen, wie ihr eure Lehrer überraschen könnt: Gestaltet eure Tür in besonderer Weise, inszeniert im Klassenraum mit wenigen Mitteln etwas Ungewohntes, verhaltet oder kleidet euch in unüblicher Weise … Ob alle Lehrer gleich auf die neue Situation reagieren?

Künstler wie Olafur Eliasson oder Christo lassen uns ihre Kunsträume auch tatsächlich betreten. Wenn man sich darauf einlässt, erfährt man vielleicht Unerwartetes. Erinnerst du dich an das Eingangsbild zu diesem Kapitel? Es regt unsere Fantasie an: Was verbirgt sich hinter dieser Tür? Man kann diesen Raum nicht wirklich betreten, aber man kann es in Gedanken tun. Kunst öffnet Türen und lässt uns Neues entdecken.

Gegensätze

- Von Karikaturen, die mit spitzer Feder gezeichnet sind
- Von Gestaltungsmerkmalen einer Drucktechnik
- Wie man einen Linoldruck herstellt

Schwarz auf Weiß

- Von alltäglichen und besonderen (Buchstaben-)Typen
- Wie man mit Schrift gestalten kann
- Flotte Zeichen und Bilder

Licht und Schatten

- Wie man mit Licht inszenieren kann
- Was eine Plastik mit Tälern und Bergen gemeinsam hat
- Wie man durch Abzeichnen verstehen lernt

Illustrationen

- Wie man unbekannte Wesen bekannt macht
- Von schaurig Schönem und schön Schaurigem
- Einen Text illustrieren

Schwarz-weiß

Man Ray:
Noire et blanche, 1926

Gegensätze

Mit spitzer Feder

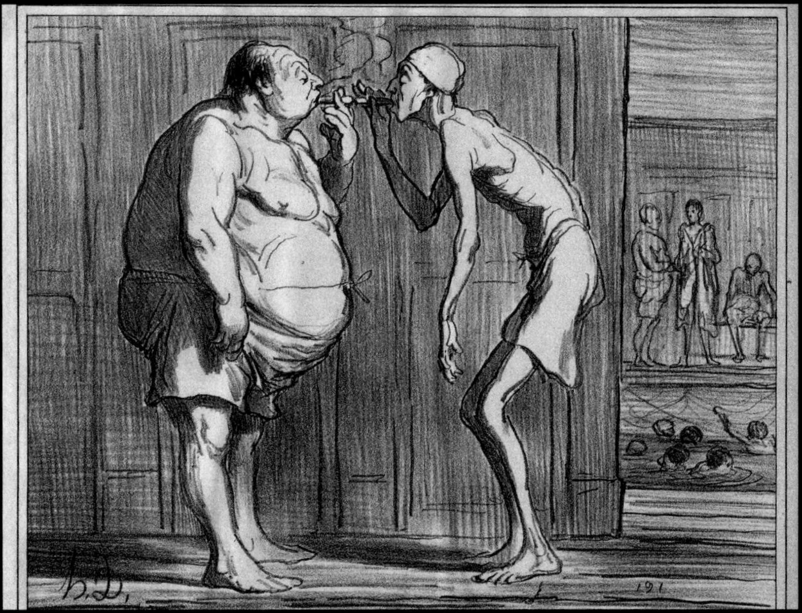

Honoré Daumier: Nach dem Wasser das Feuer, 1858 (14 x 17 cm)

Der Zeichner Honoré Daumier (1808 – 1878) war bekannt für die „spitze Feder“, mit der er die Bürger seiner Zeit darstellte.
Seine Karikaturen konnten augenzwinkernd sein, aber auch angriffslustig. Weil er den französischen König wegen seines teuren Lebensstils angriff, musste Daumier sechs Monate ins Gefängnis.

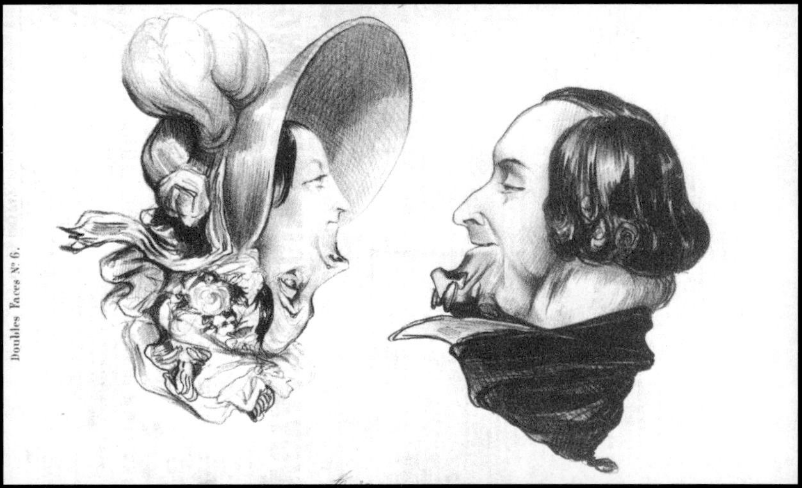

Honoré Daumier: Mit 30 Jahren – Mit 60 Jahren, 1838 (12 x 17 cm)

- Schau die beiden Zeichnungen genau an: Daumier geht spielerisch mit den Gegensätzen um, die er zeigen möchte.
- Groß – klein, schwer – leicht … Sammle Gegensatzpaare und stelle sie so dar, dass sie gut zur Geltung kommen.

So einfach eine Karikatur oft wirkt, so schwierig ist es, sie zu erfinden. In einem einzigen Bild muss eine ganze Situation so verdichtet sein, dass man zum Nachdenken angeregt wird. Gut gezeichnet muss sie sein – und natürlich witzig!

Tomi Ungerer: Black and White, 1967

Kann das bleiben oder muss es weg?

Ernst Ludwig Kirchner:
Baum im Gebirge, 1920
(53,5 x 42,5 cm)

zen. Ernst Ludwig Kirchner musste überall entscheiden, wo Flächen aufeinanderstoßen, ob sie schwarz oder weiß werden sollen. Das Weiße wird aus der Holzoberfläche herausgeschnitten, das Schwarze bleibt stehen. Grautöne können nur indirekt erzeugt werden, indem Linien eng nebeneinander gesetzt werden.
Der Druckstock aus Holz arbeitet in gewisser Weise mit: Entlang der Fasern gelingen Schnitte anders als gegen sie. Je dünner eine Linie wird, desto größer ist die Gefahr, dass sie ausbricht – entweder beim Schneiden oder später beim Drucken.

Ernst Ludwig Kirchner: Selbstporträt, 1919

- Beschreibe zunächst, was du in „Baum im Gebirge“ erkennst. Gehe im Bildraum von vorne nach hinten vor.
- Suche Stellen, an denen erkennbar wird, dass eigentlich eine schwarze gegen eine andere schwarze Fläche grenzen würde. Erkläre, wie Kirchner mit dem Problem umgeht. Du findest verschiedene Lösungen!
- Eine praktische Variante: Zeichne mit Pauspapier die Umrisse der Figuren und Landschaftsformen von „Baum im Gebirge“. Lege das Vorbild weg und färbe die einzelnen Formen mit schwarzem Filzstift ein.

Einen Linoldruck entwerfen

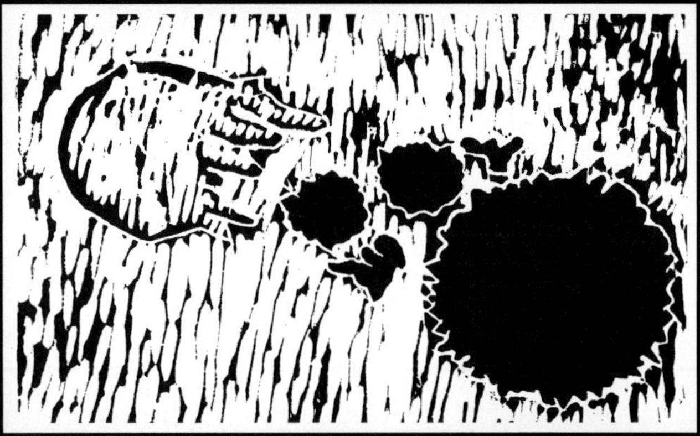

Holz- und Linoldruck sind Hochdruckverfahren. Nur die Stellen, die nicht weggeschnitten werden, werden später gedruckt. Linoleum lässt sich leichter schneiden als Holz. An der Schülerarbeit kannst du sehen, welche Gestaltungsmöglichkeiten das Verfahren bietet. Um einen Linolschnitt herzustellen, gehst du am besten in folgenden vier Schritten vor.

Schülerarbeit

Schritt 1: Eine Bildidee skizzieren
Wie wäre es, den Titel des Kapitels als Anlass zu nehmen: „Gegensätze". Gut gegen böse, die Schöne und das Biest, David gegen Goliath, Feuer und Wasser. Beginne mit einer Bleistiftskizze und überarbeite sie so lange, bis das Wichtige gut zum Ausdruck kommt.

Schritt 2: Die Linienzeichnung in einen flächigen Entwurf umarbeiten
Was dunkel gedruckt werden soll, malst du mit einem schwarzen Filzstift aus. So kannst du die Wirkung des Drucks abschätzen, bevor du mit dem aufwendigen Schneiden beginnst.

Beim Schwarzlinienschnitt muss der gesamte Hintergrund ausgeschnitten werden, nur die Linien bleiben stehen. Je dünner sie sind, desto leichter brechen sie aus.

Beim Weißlinienschnitt wird die Konturlinie aus dem Druckstock geschnitten. Ein dünnes Werkzeug ergibt auch eine dünne Linie.

Bei angrenzenden Flächen müssen die Farben wechseln. Wie du siehst, lässt sich das nicht konsequent durchhalten. Dann braucht man Ideen.

- Zeige an den beiden Entwurfszeichnungen, welche Verfahren zum Abtrennen von Flächen angewandt wurden. Vergleiche: optische Wirkung, Schwierigkeit beim Schneiden des Druckstocks.

Schritt 3: Die Binnenstruktur planen
Bei „Baum im Gebirge" hast du gelernt, wie man durch Schraffieren Graustufen erzeugt. Das brauchst du nun für die Binnenflächen. Vergiss nicht, dass herausgeschnittene Linien weiß bleiben.

Schritt 4: Den Druckstock schneiden
Alle technischen Hinweise zum Übertragen des Entwurfs auf eine Linolplatte, zum Schneiden des Druckstocks und zum Drucken findest du unter den Stichworten Linoldruck und Drucken.

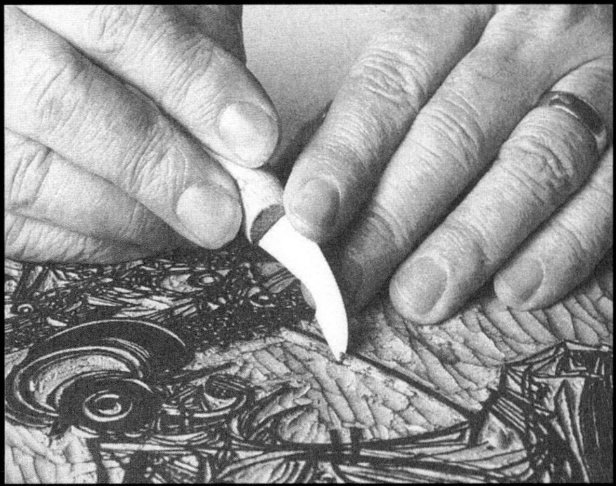

Licht und Schatten

Mit Licht inszenieren

Raymond Mason: Beleuchtete Menge, 1979 (40 x 114 x 51 cm)

Raymond Mason zeigt eine eigenartige Gemeinschaft. Die Figuren vorne schauen erstaunt und gebannt auf etwas, was uns verborgen ist. Was könnte das sein? Ein Mann ist auf eine Erhöhung gestiegen, um besser sehen zu können. Die Personen, die weiter hinten stehen, scheinen sich aber nicht dafür zu interessieren, was da vorne los ist. Und ganz links in der Gruppe stimmt irgendetwas nicht. Da krümmen sich Leute, wie wenn es um ihr Leben ginge. Wenn man nicht aufmerksam hinschaut, fällt das gar nicht auf.

Masons Plastik allein ist schon faszinierend, all die feinen Details. Der Fotograf hat aber den Aspekt besonders zugespitzt, der im Text beschrieben wird: Der Betrachter wird nicht nur im Unklaren gelassen, was sich hier abspielt.
Beschreibe, wie die Figurengruppe mithilfe des Lichts inszeniert wird: Was wird hervorgehoben? Welcher Art ist das Licht?

Gruselig! Der Tod greift nach einem kleinen Kind.
Der Künstler zeigt, was in seiner Zeit allgegenwärtig war. Pestepidemien kosteten Millionen Menschen das Leben, sie wussten nicht, wie sie dem „Schwarzen Tod“ entkommen konnten. Und erst der Dreißigjährige Krieg von 1618 an: Ganze Landstriche wurden entvölkert.
In der Kunst taucht der Tod in zwei Varianten auf: Die Menschen, die ein gutes Leben führen, werden von Engeln in den Himmel geleitet. Die Sünder aber werden vom „Schnitter“ in die Hölle gebracht – einem Knochengerüst, das mit seiner Sense Menschenleben wie Strohhalme ummäht.

Andreas Schlüter: Der Tod, nach einem kleinen Engel greifend, 1700

- Bildhauer heben das Wichtige in ihren Kunstwerken nur selten mit Farbe hervor, wie das Maler tun. Sie arbeiten stattdessen mit Licht und Schatten.
  Schau genau hin und beschreibe, wie Andreas Schlüter seine Figurengruppe so gestaltet, dass das Kind unschuldig wirkt und der Tod bedrohlich.
- Verstehen durch Handeln: Inszeniert Puppen und Stofftiere durch geschicktes Beleuchten. Dunkelt dazu den Raum ab und experimentiert mit unterschiedlichen Lichtquellen.
  Haltet mehrere Zustände fotografisch fest. Probiert dabei verschiedene Ausschnitte und Perspektiven. Am Computer wandelt ihr die Fotos dann in Graustufenbilder um und verändert Helligkeit und Kontraste.

Schattentäler – Lichtberge

Constantin Brancusi: Fräulein Pogany, 1912 (44 x 21 x 31 cm)

Henry Moore: Liegende Figur, 1946 (190 cm lang)

Wie in der abstrakten Malerei waren auch Bildhauer auf der Suche nach harmonischen Grundformen, aus denen sich Körper zusammensetzen. Die Künstler setzten konkave und konvexe Formen ein, um ein lebendiges Spiel aus Licht und Schatten zu schaffen.

Suche Arme, Knie, Hüfte und Brustkorb bei der liegenden Figur.
Eine Merkskizze: Lege das Buch in einiger Entfernung zu deinem Arbeitsplatz ab. Präge dir die Teile der Plastik ein (Moore: schwer – Brancusi leichter). Gehe zu deinem Platz und zeichne das Behaltene. Je besser du die Formen verstehst, desto seltener musst du losziehen. Erhöhe die Plastizität deiner Skizze, indem du die Licht- und Schattenverläufe schraffierst.

Ein Ausstellungsprojekt

Unten siehst du Abbildungen verschiedener Körper. Obwohl die Bilder flach sind, sehen die Körper plastisch aus – wie wenn man in ihre Vertiefungen hineingreifen könnte. Der Trick dazu: Licht und Schatten müssen gezielt eingesetzt werden. Das lässt sich mit verschiedenen künstlerischen Techniken umsetzen.

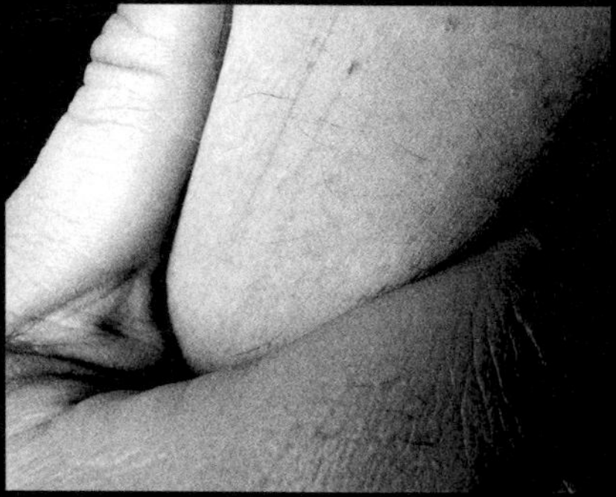
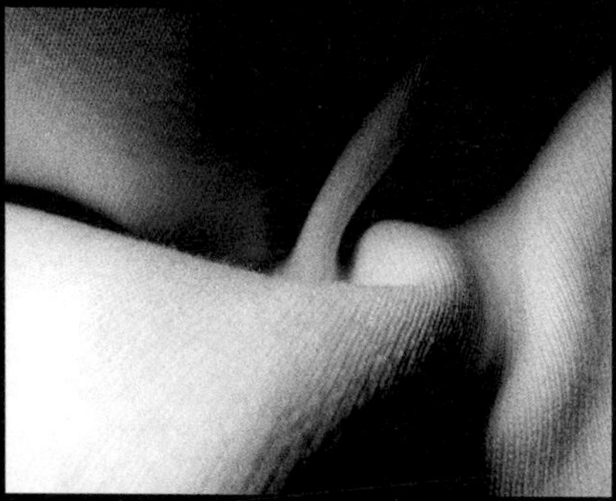

Fotografien: Detail des menschlichen Körpers, Stoff, Schaumstoffkörper

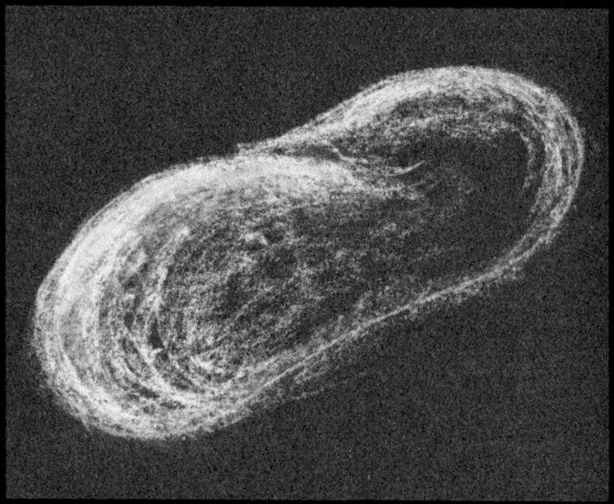

Zeichnung mit weißer Kreide auf schwarzem Papier

Kohlezeichnung auf weißem Papier

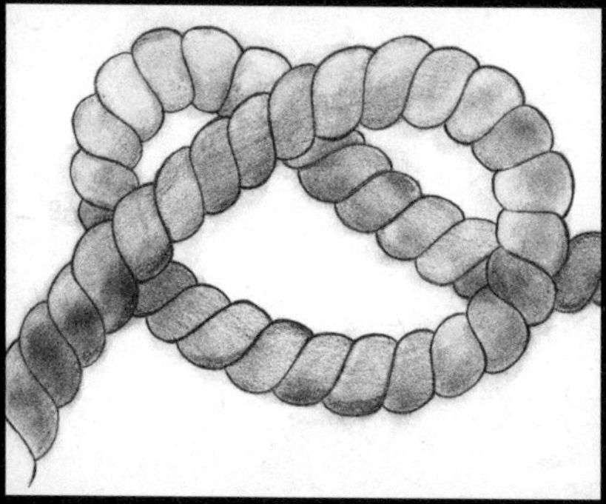

Bleistiftzeichnung

Entscheidet euch: Alle arbeiten in einer Technik oder alle bearbeiten ein Thema mit unterschiedlichen Techniken.
Bei der Ausstellung eurer Werke spielt die Farbe Schwarz eine wichtige Rolle, weil schwarzer Hintergrund weiße Flächen zum Leuchten bringt. Ihr könnt mit schwarzem Papier, Stoff oder bemalten Holzplatten arbeiten.

Schwarz auf Weiß

(Mit) Schrift gestalten

Über 100.000 Schriftarten

8.000 kostenlose Fonts

Schriften für jeden Anlass

Für jeden Anlass die passende Schrift – wenn nur die Auswahl nicht so schwer wäre. Wusstest du, dass viele Schriftarten eine jahrhundertealte Tradition haben? Ein kleines Schrifträtsel:

Die Antiqua entstand im 1☺. Jahrhundert. Ihre Großbuchstaben orientieren sich an Schriftvorbildern der römischen Antike. Die Kleinbuchstaben entwickelten sich aus der karolingischen M☺. Sie hat den Beinamen „karolingisch" vom mittelalterlichen Kaiser K☺, zu dessen Zeit die Schrift entwickelt wurde. M☺ ist eine Bezeichnung für Kleinbuchstaben. Majuskel dagegen benennt G☺. Vorbild für die am häufigsten verwendeten Schreib- und Druckschriften ist die ☺.

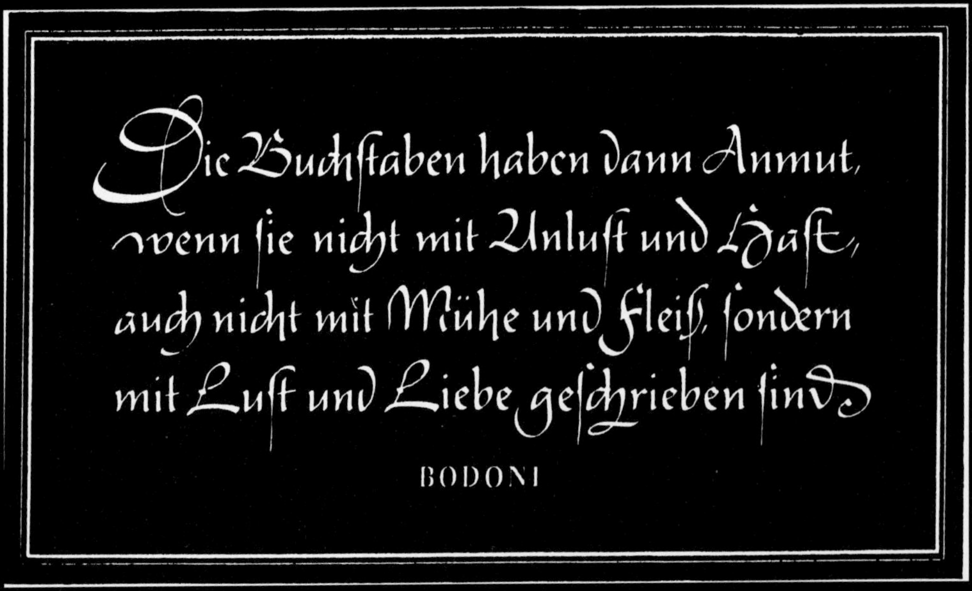

Hermann Zapf: Übung zu Bodoni, 1952

Man kann es kaum glauben, aber der Text ist von Hand geschrieben. Kalligrafie heißt diese Kunstfertigkeit. Schau dir die Merkmale der Schrift Bodoni genau an und übe, deinen Namen mit ihr zu schreiben.
Ein Surftipp: Im Internet findest du faszinierende Filme zum Stichwort „Kalligrafie".

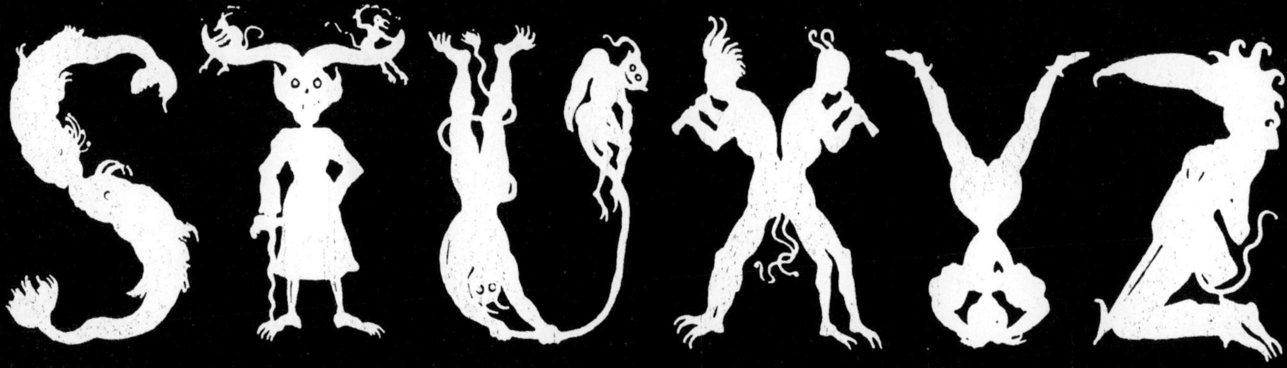

Teufelsalphabet, 1836

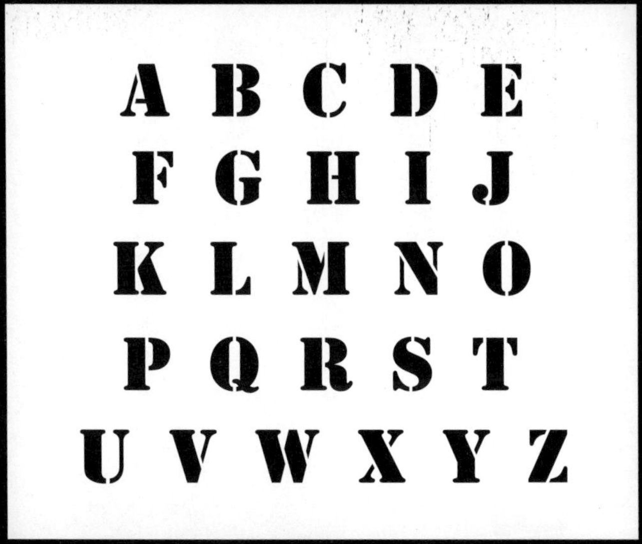

Schriftart Stencil

Eine Gemeinschaftsarbeit: Das eigene Alphabet

- Untersucht die abgebildeten Schriftarten: Charakteristische Merkmale, Verhältnis Breite zu Höhe.
- Offene Variante: Erfindet das Alphabet der Schulutensilien, des Sports, der Tiere, der Instrumente, des Essbestecks …
- Engere Variante: Entwickelt eine Schriftart. Dazu erfindet ihr zuerst einzelne Buchstaben. Wählt eine Lösung aus, die euch besonders gefällt. Untersucht ihre Merkmale und setzt sie gezielt bei jedem Buchstaben des Alphabets ein. Dazu müsst ihr die Ober-, Mittel- und Unterkanten der Buchstaben beachten.

Schriftzeichen

Kamijō Shinzan: Dem Regen lauschen, 1982 (65 x 140 cm)

„Dem Regen lauschen“ besteht aus mehreren Schriftzeichen, die jeweils eine Silbe bilden. Es wurde mit einem Tuschepinsel geschrieben. Die Breite der Linien hängt davon ab, wie stark der Pinsel aufgesetzt wird.
Der Kalligraf Kamijō Shinzan schildert seine Vorgehensweise so: „Die beiden Schriftzeichen wurden absichtlich nicht symmetrisch geschrieben […]. Dabei ließ ich im unteren Teil der Komposition reichlich Raum. Das Zeichen für ‚Lauschen‘ auf der rechten Seite ist nicht ausbalanciert, und das Zeichen für ‚Regen‘ wurde mit einem ziemlich trockenen Pinsel geschrieben, um den Eindruck von Spritzern und Regentropfen zu geben.“

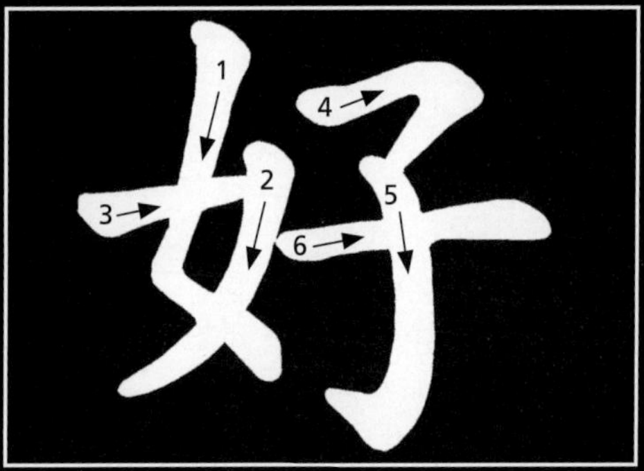

Hier siehst du das chinesische Schriftzeichen hao. Übe, es mit dem Pinsel zu schreiben. Wenn du es beherrschst, schreibe es auf ein großes Blatt.

Rühre Tapetenkleister an und gib Tusche dazu. Male mit einem Borstenpinsel oder Spachtel das Bild „Sonnen-Träger" nach. Du musst dir jeden einzelnen Linienzug vorher gut einprägen und dann ohne Zögern malen.
Probiere verschiedene Formate und Werkzeuggrößen aus. Eine schwierige, aber auch spannende Variante ist das spiegelverkehrte Nachmalen.
Wenn du nach dieser Erfahrung das Gemälde Klines und die Kalligrafie Shinzans noch einmal betrachtest: Worin liegt die Schwierigkeit beim Malen, das Besondere dieser Kunstwerke?

Franz Kline: Sonnen-Träger, 1961

Franz Kline (1910 – 1962) war fasziniert von der Geschwindigkeit des Lebens in den amerikanischen Großstädten. Besonders beeindruckte ihn die Millionenstadt New York.
Klines Bilder sind groß, oft über drei Meter. Die Malbewegungen setzen daher Kraft und viel Beherrschung voraus. Kline wird der Stilrichtung des Abstrakten Expressionismus zugeordnet.

Illustrationen

Was machten die Menschen an den langen Winterabenden, als es weder Fernsehen, Radio oder den Computer gab? Sie erzählten sich Geschichten.
Dass wir diese Erzählungen heute noch kennen, liegt daran, dass sie irgendwann aufgeschrieben wurden. Die Brüder Grimm zum Beispiel sammelten Märchen, der französische Dichter Jean de la Fontaine hielt Fabeln wie die vom Löwen und dem Fuchs fest.

Gustave Doré: Der kranke Löwe und der Fuchs

Der kranke Löwe und der Fuchs

Als der König der Tiere einmal erkrankt war und nicht jagen konnte, ersann er eine List. Er bestellte von allen Tieren Abgesandte, die ihm seine Aufwartung machen sollten. Leichte Beute!
Nur die Füchse erwiesen sich als schlauer als ihr Herrscher: „Die Spuren, die im Sand sich zeigen von allen, die zum Hof des Kranken hergereist, sie führen sämtlich in sein Haus hinein; s'ist eigen, dass keine einz'ge rückwärts weist!“

(Nach Jean de la Fontaine)

- Welche Details der Fabel hat Gustave Doré ausgewählt, um sie in einem Bild erzählen zu können? Gehe bei der Bildbeschreibung vom Vordergrund aus nach hinten vor.
- Montagsmaler: Zeichnet am Tageslichtprojektor bekannte Szenen (Märchen, Fabeln, Sprichwörter). Wer errät die meisten?

Das Unbekannte vorstellen

Als es noch keine Fotografie gab, wurde die Welt gezeichnet. Drucke boten die Möglichkeit, diese Darstellungen weit zu verbreiten – für Künstler wie Albrecht Dürer eine wichtige Geldquelle. Ein Kaufmann hatte ihm in einem Brief ein seltsames Tier beschrieben, das der König von Portugal geschenkt bekommen hatte. Groß wie ein Elefant und am ganzen Körper gepanzert wie eine Schildkröte sei es. Ein „scharfstark Horn auf der Nase" habe es für den Kampf mit seinen Feinden.

Nach der Beschreibung des Kaufmanns zeichnete Dürer das fremdartige Wesen. Er ließ sich von Schildkrötenpanzern, Ritterrüstungen und den Vorstellungen von Drachen anregen. Das Tier selbst hat er vermutlich nie gesehen! Die vervielfältigte Zeichnung wurde als Flugblatt in Dürers Heimatstadt Nürnberg verkauft.

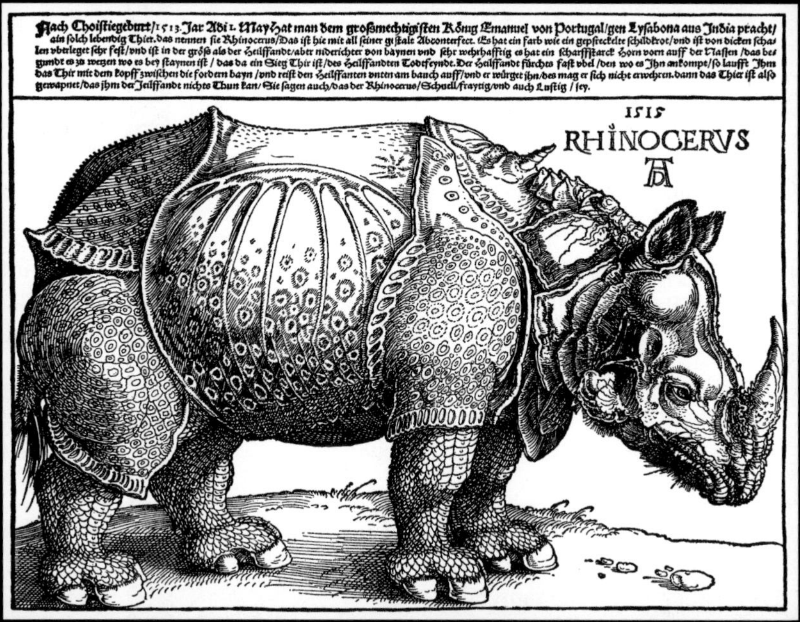

Albrecht Dürer: Rhinozeros, 1515 (21 x 30 cm)

- Findest du die Ausschnitte rechts in Dürers Druck?
- Zerschneide eine Kopie des „Rhinozeros". Baue einen Ausschnitt in eine selbst erfundene, symmetrische Figur ein. Führe die Texturen der Vorlage so weiter, dass der Übergang zwischen Kopie und deiner Zeichnung möglichst wenig zu erkennen ist.

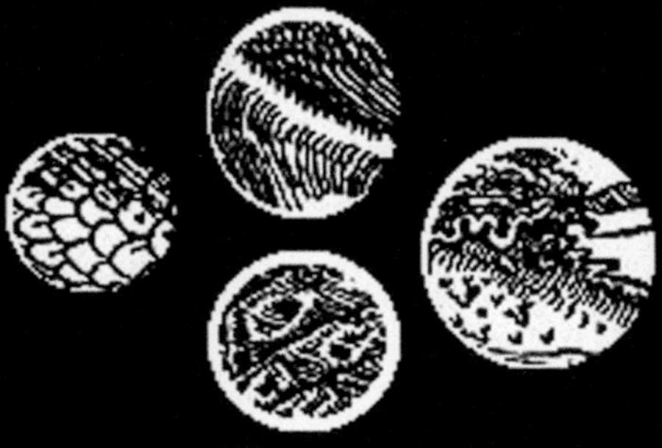

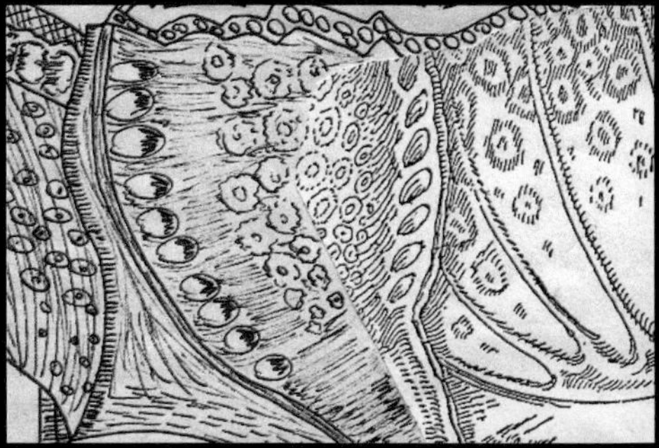
Schülerarbeit (Ausschnitt)

Annette von Droste-Hülshoff: Der Knabe im Moor

Oh, schaurig ist's, übers Moor zu gehn,
Wenn es wimmelt vom Heiderauche,
Sich wie Phantome die Dünste drehn
Und die Ranke häkelt am Strauche,
Unter jedem Tritte ein Quellchen springt,
Wenn aus der Spalte es zischt und singt,
Oh, schaurig ist's, übers Moor zu gehn,
Wenn das Röhricht knistert im Hauche!

Fest hält die Fibel das zitternde Kind
Und rennt, als ob man es jage;
Hohl über die Fläche sauset der Wind –
Was raschelt drüben am Hage?
Das ist der gespenstische Gräberknecht,
Der dem Meister die besten Torfe verzecht;
Hu, hu, es bricht wie ein irres Rind!
Hinducket das Knäblein zage.

Vom Ufer starret Gestumpf hervor,
Unheimlich nicket die Föhre,
Der Knabe rennt, gespannt das Ohr,
Durch Riesenhalme wie Speere;
Und wie es rieselt und knittert darin!
Das ist die unselige Spinnerin,
Das ist die gebannte Spinnlenor',
Die den Haspel dreht im Geröhre!

Voran, voran! nur immer im Lauf,
Voran, als woll' es ihn holen!
Vor seinem Fuße brodelt es auf,
Es pfeift ihm unter den Sohlen
Wie eine gespenstige Melodei;
Das ist der Geigemann ungetreu,
Das ist der diebische Fiedler Knauf,
Der den Hochzeitheller gestohlen!

Da birst das Moor, ein Seufzer geht
Hervor aus der klaffenden Höhle;
Weh, weh, da ruft die verdammte Margret:
„Ho, ho, meine arme Seele!"
Der Knabe springt wie ein wundes Reh;
Wär' nicht Schutzengel in seiner Näh',
Seine bleichenden Knöchelchen fände spät
Ein Gräber im Moorgeschwele.

Da mählich gründet der Boden sich,
Und drüben, neben der Weide,
Die Lampe flimmert so heimatlich,
Der Knabe steht an der Scheide.
Tief atmet er auf, zum Moor zurück
Noch immer wirft er den scheuen Blick:
Ja, im Geröhre war's fürchterlich,
O schaurig war's in der Heide!

Annette von Droste-Hülshoff veröffentlichte diese gruselige Ballade 1842. Die Dichterin verfasste nicht nur Gedichte und Erzählungen, sondern half den Gebrüdern Grimm beim Sammeln ihrer berühmten Kinder- und Hausmärchen.

Balladen leben von sprachlichen Bildern. Sie lassen die dramatische Handlung vor dem inneren Auge aufleben. Besonders wertvolle Bücher zeigen oft Schlüsselstellen der Texte in eigens angefertigten Illustrationen. Der Illustrator muss dazu den Inhalt und die Stimmung des Textes erfassen und in ein Bild umsetzen.

Illustriert die Ballade „Der Knabe im Moor“:

- Strophen aufteilen
- Technik festlegen
- Illustration erstellen
- Text schreiben

Gestaltet einen wertvollen Band.

Schülerarbeit (Ausschnitt)
Pittkreide auf schwarzem Tonpapier

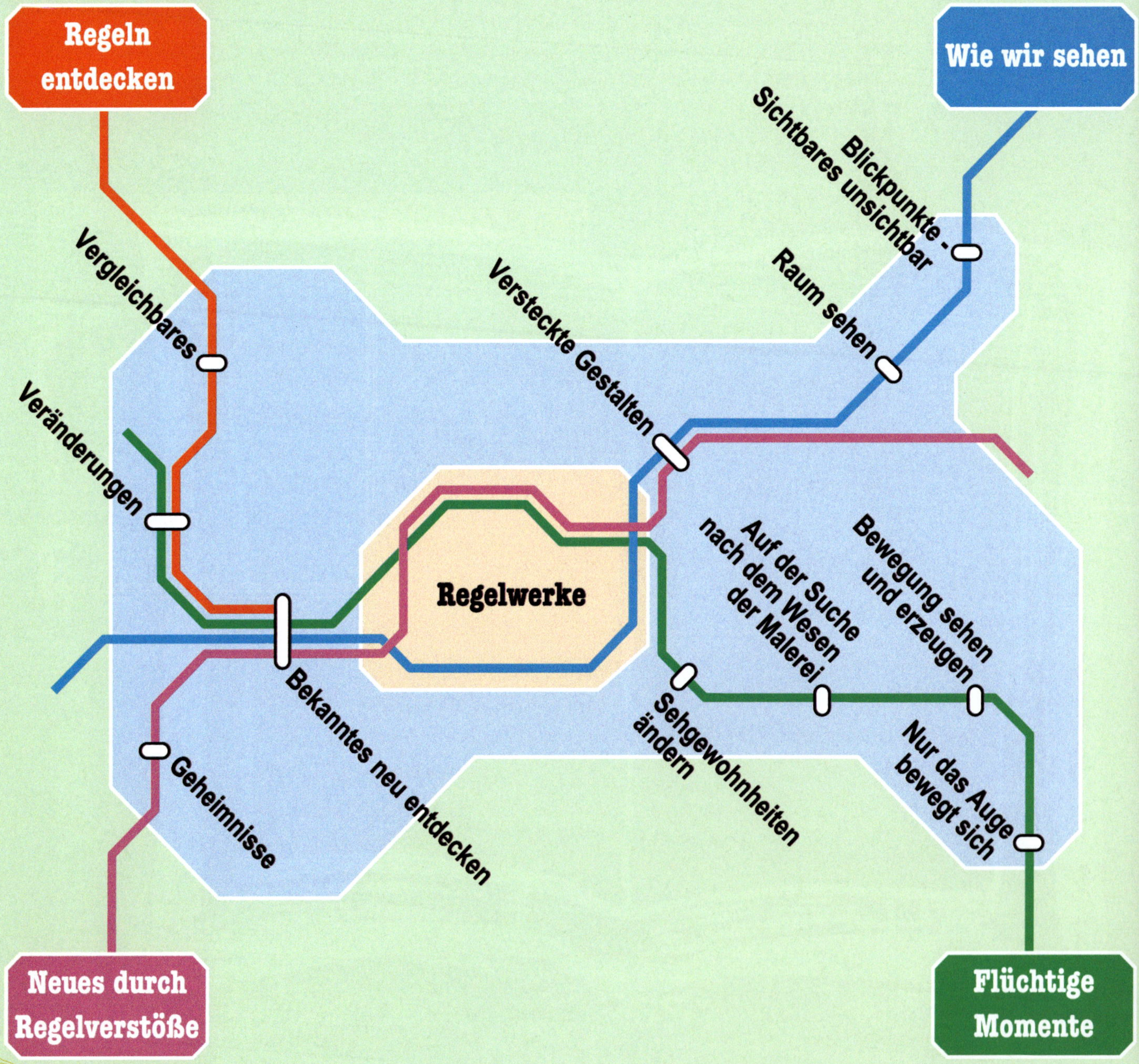
Regeln entdecken
Wie wir sehen
Neues durch Regelverstöße
Flüchtige Momente
Regelwerke
Vergleichbares
Veränderungen
Bekanntes neu entdecken
Geheimnisse
Versteckte Gestalten
Blickpunkte - Sichtbares unsichtbar
Raum sehen
Auf der Suche nach dem Wesen der Malerei
Bewegung sehen und erzeugen
Sehgewohnheiten ändern
Nur das Auge bewegt sich

Regelwerke

François Morellet: 4 Raster 30°–60°–120°–150°, 1974 (275 x 550 cm)

Versteckte Gestalten

Alte oder junge Frau? Alte und junge Frau! Ist es nicht verblüffend, dass man zunächst nur eine Variante sieht, und kaum hat man die zweite entdeckt, ist die erste nur schwer zu finden? Woher das kommt? Wir nehmen beim Sehen nicht einfach Bilder passiv auf, sondern unser Denken „mischt sich ein“. Wir suchen, ohne es zu bemerken, nach bekannten Formen. Und auf die stellen wir uns dann ziemlich hartnäckig ein.

Sehen allein reicht nicht, wir müssen verstehen.

Gesichter und Vasen: Schneide verschiedene Varianten direkt aus weißem Papier und decke damit einen schwarzen Papierbogen ab. Probiere aus: Fällt es dir leichter, die Vase zu schneiden oder das Gesicht?

An dem Bild mit den Dreiecken und Kreisen lässt sich gut erkennen, dass Sehen ein aktiver Vorgang ist. Die meisten Menschen erkennen drei Kreise und zwei Dreiecke: ein gelbes und ein weißes. Sie können sogar die räumliche Anordnung beschreiben: Das weiße Dreieck liegt im Vordergrund.

Genau hinschauen:

- Bis zu acht Dreiecke lassen sich entdecken.
- Eigentlich siehst du drei Dreiecke und drei Kreissegmente. Zeichne die lilafarbenen und gelben Elemente genau so, wie du sie siehst. Ordne sie nebeneinander an und nicht so wie in der Vorlage.

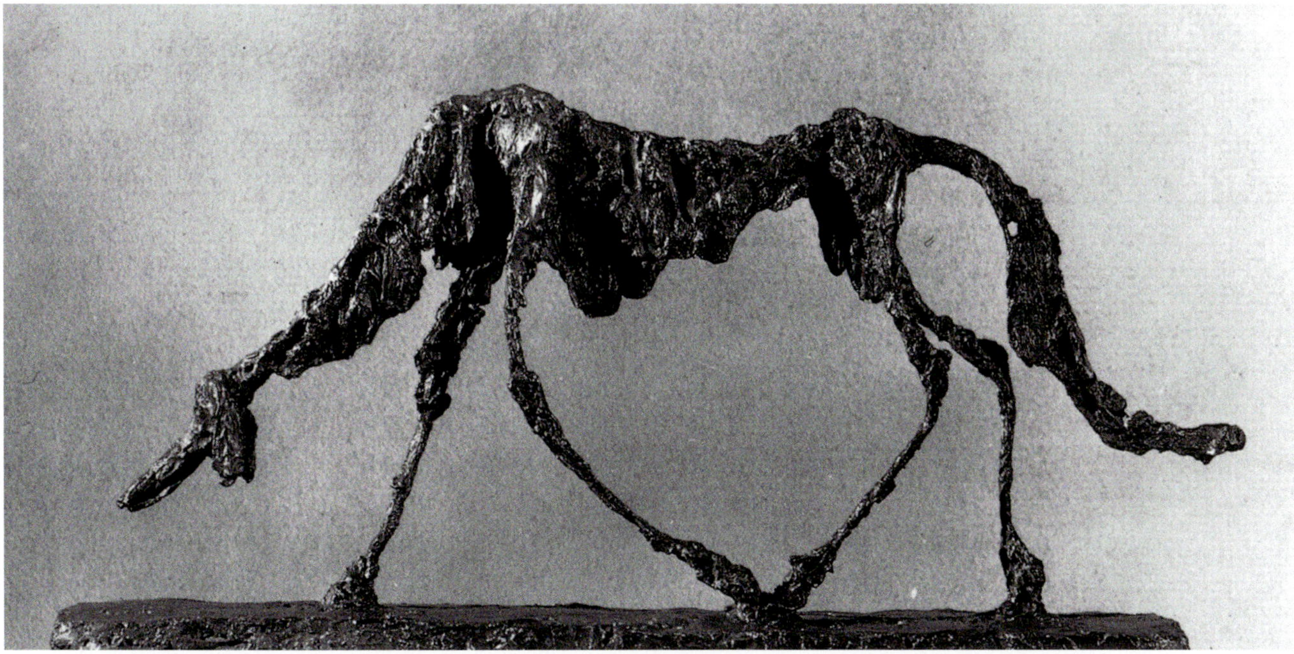

Alberto Giacometti: Der Hund, 1951 (45 x 98 x 15 cm)

Formen bewusst wahrnehmen: Male den Hund, indem du das Umfeld der Figur mit weißer Farbe auf schwarzem Papier abdeckst.

Raum sehen und darstellen

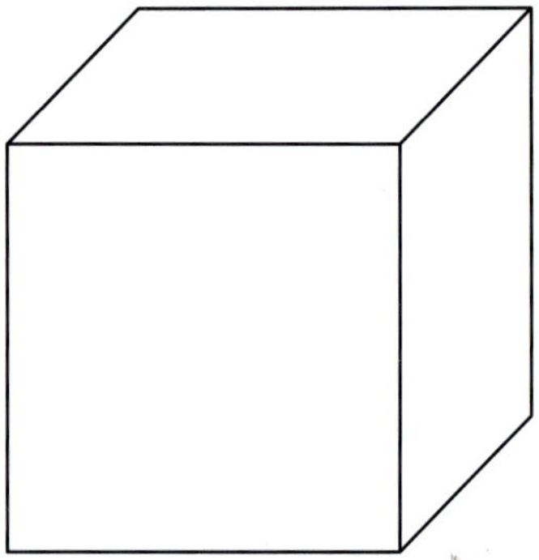

Diese räumlich wirkende Darstellung nennt man Parallelperspektive. Die Linien verlaufen nur in drei Richtungen: senkrecht, waagrecht und diagonal.
Auch wenn Gegenstände in Wirklichkeit nicht so aussehen, sind sie doch auf diese Weise gut erkennbar – und einfach zu zeichnen. Das ist ein Grund, warum in technischen Zeichnungen oft auf die Parallelperspektive zurückgegriffen wird.

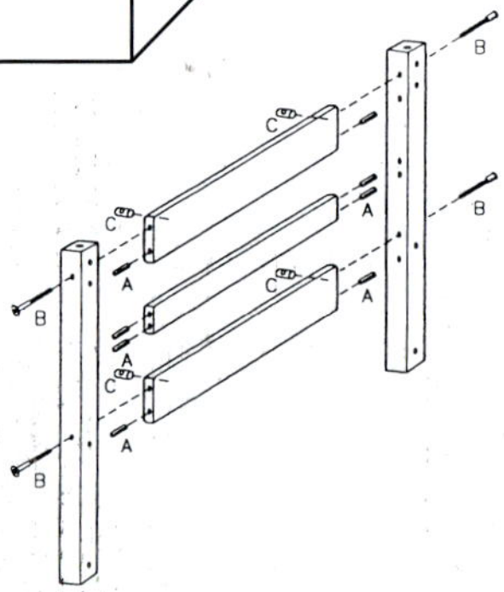

- Suche in der Montagezeichnung die drei Linienrichtungen. Die gestrichelten Linien zeigen, dass sie auch bei Unterbrechungen beibehalten werden.
- Nutze den Zeichenvorschlag unten und übe die Parallelperspektive. Beginne mit der Vorderansicht und zeichne an den Ecken die in die Raumtiefe verlaufenden diagonalen Linien ein.

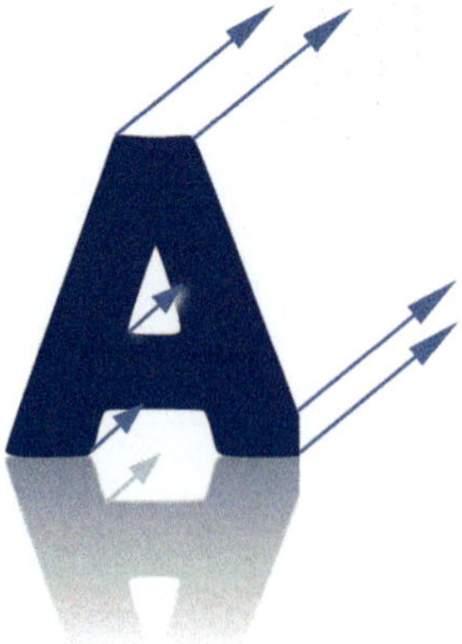

Betrachten: Schau das Bild so lange an, bis du den Grundkörper in beiden Ansichten siehst. Die waagrecht liegenden Flächen kann man von oben und von unten sehen.

Verstehen: Pause die Form ab und suche die Flächen, die man sowohl in der Vogelsicht als auch in der Froschsicht sehen kann.

Verändern: Färbe die Flächen in drei Graustufen so ein, dass der Umklappeffekt betont wird.

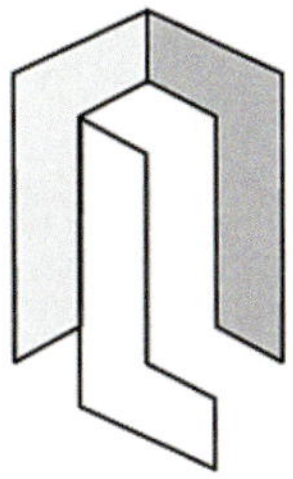

Der Künstler Vasarely zeigt in seinen Bildern auf den ersten Blick einfache geometrische Körper, an denen aber etwas nicht stimmen kann. In der kleinen Schemazeichnung unten siehst du die L-förmigen Flächen, aus denen „Izzo-MC“ zusammengesetzt ist.

Victor Vasarely: Izzo-MC, 1969 (155 x 132 cm)

Bildpunkte – Sichtbares unsichtbar

Wenn du bei deinem Drucker schon einmal die Farbpatronen gewechselt hast, dann weißt du, dass er nur vier Farben nutzt: Magentarot, Cyanblau, Gelb und Schwarz. Um daraus alle anderen Farbtöne mischen zu können, wird das Bild in lauter Punkte „aufgerastert". Für jeden Punkt werden kleine Farbpunkte der Grundfarben dicht nebeneinander gedruckt. Je saugfähiger das Papier ist, desto größer müssen die Rasterpunkte sein, damit sie nicht ineinanderfließen. Bei Bildschirmbildern ist dieser Effekt in einer Variation vorhanden. Hier nennt man die Bildpunkte Pixel.

- Informiert euch über die Entstehung von Pixeln. Wichtige Begriffe sind Auflösung und Lochraster.
- Besorgt euch Fotos aus verschiedenen Druckwerken: Zeitungen, Kataloge, Illustrierte, Prospekte. Betrachtet die Rasterung durch eine Lupe. Welche Unterschiede stellt ihr fest?

George Seurat (1859 – 1891) kam aus einem reichen Elternhaus und musste, anders als viele seiner Künstlerfreunde, nicht um das Überleben kämpfen. Seurat interessierte sich neben der Kunst sehr für Physik. Nachdem er eine Ausstellung der Impressionisten gesehen hatte, die sich mit den Gesetzen des Sehens auseinandersetzten, entwarf er eine völlig neue Maltechnik. Er setzte mit wenigen Farben Punkt neben Punkt dicht aneinander. Je größer der Abstand des Betrachters zu diesen Bildern ist, desto mehr verfließen die verschiedenfarbigen Punkte ineinander.

Das Phänomen, dass Farben erst im Auge gemischt werden, nennt man optische Farbmischung. Weil das Auge ständig nach erkennbaren Details sucht, scheinen die Farbflächen in Seurats Bildern zu flimmern. Später wurde Seurats Malstil nach dem französischen Wort Point (Punkt) Pointillismus genannt.

George Seurat: Ein Sonntagnachmittag auf der Insel Grande Jatte, 1886 (208 x 308 cm)

Flüchtige Momente

Claude Monet malte eine ganze Bilderserie von der Kathedrale in Rouen. Er fing ein, wie sich das Licht und die Farben zu unterschiedlichen Tageszeiten verändern.

Vergleiche die Art der optischen Farbmischung in dem Foto links, im Bild von Seurat und hier bei Monet. Berücksichtige, wie jeweils die Bildpunkte erzeugt werden.

Claude Monet: Die Kathedrale von Rouen, 1892/93 (100 x 65 cm)

Sehgewohnheiten ändern

Claude Monet: Felder im Frühling, 1887 (74 x 93 cm)

Für Gemälde von Monet werden heute Höchstpreise bezahlt: bis zu 50 Millionen Euro. Sind sie das wirklich wert? Besonders kurios wirkt das, wenn man weiß, dass Monet und seine Künstlerkollegen zu ihrer Zeit für die Bilder verhöhnt wurden. Sie wurden „Impressionisten" genannt, was zunächst nicht als Kompliment gedacht war.

Informiere dich über die Bedeutung des Begriffs Impressionismus und über die Merkmale dieser Stilrichtung. Zeige sie in „Felder im Frühling": Farben, Motiv, malerische Mittel.

„Die Impression, die die Impressionisten erzielen, ist diejenige einer auf den Tasten des Klaviers herumspazierenden Katze oder eines Affen, der sich des Farbkastens bemächtigt hat.

Diese selbst ernannten Künstler nennen sich [...] Impressionisten; sie nehmen Leinwand, Farbe und Pinsel, setzen, wie es gerade kommt, einige Töne nebeneinander und unterzeichnen das Ganze."
Zeitungsausschnitt aus dem Jahr 1876

Und wie gehen wir heute mit ungewohnter Kunst um?

Cy Twombly nennt sein Gemälde „Frühling". Er zeigt eine ganz andere Seite der Jahreszeit als Monet: das Ausbrechen von Sprossen aus dem kalten Boden, die kräftigen Farbkontraste zum Weiß des Schnees.
Zunächst deutet nichts außer dem Titel auf das Thema hin. Der Betrachter muss sich auf die Suche begeben: Welchen Aspekt des Frühlings zeigt der Künstler?

- Sammelt zunächst eure Assoziationen zum Frühling.
- Sucht dann Bilder zum Suchwort „Frühling" im Internet. Gleichen eure Vorstellungen dem, was die Suchmaschinen anbieten?
- Überlegt: Wie müsste eine Suchmaschine programmiert sein, dass sie auch Aspekte des Frühlings zeigt, wie sie Twombly betont?

Cy Twombly: Quattro Stagioni Part I – Primavera, 1993 – 1995

Auf der Suche nach Regeln des Sehens

Jean-Baptiste Corot: Der Teich von Ville-d'Avray, um 1867/1870 (49 x 65 cm)

Jean-Baptiste Corot beschrieb es einem Schüler so: „Wir sehen nicht gleich; Sie sehen grün und ich sehe grau und ‚blond'. Das ist jedoch kein Grund für Sie, die Tonwerte nicht herauszuarbeiten, denn sie sind der Ausgangspunkt für alles; wie man auch empfinden und sich ausdrücken mag, ohne sie gibt es keine gute Malerei."

Gustave Courbet: Die Woge, 1870 (117 x 161 cm)

Gustave Courbet sagte über eines seiner Bilder: „Das ist keine Studie des Meeres, es stellt eine Stunde dar."

Den Impressionisten wurde zu ihrer Zeit vorgeworfen, sie hielten sich an keine Regeln. Mithilfe der Bilder und Zitate kannst du belegen, dass das nicht stimmt.

Édouard Manet forderte eine Schülerin auf, die gerade ein Stillleben malte: „Malen Sie das schnell! Widmen Sie dem Hintergrund nicht zu viel Aufmerksamkeit. Beschäftigen Sie sich hauptsächlich mit den Tonwerten. [...] Und wenn Sie das Ganze ins Auge fassen, kommen Sie nicht auf den Gedanken, die einzelnen Schuppen des Lachses zu zählen, nicht wahr? Sie sehen diese nur als kleine Silberperlen auf Grau und Rosa."

Édouard Manet: Stillleben mit Fisch und Austern, 1864 (73 x 92 cm)

Der Maler **Pierre A. Renoir** erklärte einem Künstlerkollegen: „Weiß existiert nicht in der Natur. Sie haben über dem Schnee Himmel. Ihr Himmel ist blau. Dieses Blau muss im Schnee erscheinen. Morgens ist Grün und Gelb im Himmel. Auch diese Farben müssen im Schnee auftauchen, wenn Sie Ihr Bild am Morgen gemalt haben. Wäre es am Abend entstanden, müssten sich Rot und Gelb im Schnee zeigen. [...] Ein Schatten ist weder schwarz noch weiß. Er hat immer eine Farbe."

Wähle mit einem Rahmen einen Ausschnitt aus einem der Gemälde aus. Male ihn stark vergrößert. Achte darauf, die Farben möglichst so wie in der Vorlage wiederzugeben.

Bewegung im Kopf

Genau hinschauen: Beschreibe, wie sich in den Zeichnungen die Position der Bildelemente von Bild zu Bild ändert.

Selbst machen: Zeichne eine Bilderfolge aus einfachen Elementen. Leicht: Flug durch den Weltraum, geometrische Grundformen. Schwer: Sport, in der Disco …

Vereinfachen und nachvollziehen: Bei dem Läufer ändert sich nicht nur die Lage der Beine. Vereinfache die Figur zum Strichmännchen und zeichne den Bewegungsablauf nach.

Schülerarbeit

Du weißt bereits, dass wir beim Sehen unbewusst nach bekannten Formen suchen. Wenn es aber keine Formen gibt? Dann irrt das Auge umher, und das nehmen wir eigenartigerweise als Bewegung wahr – obwohl das Bild, das wir anschauen, unbewegt ist. Künstler wie Otto Piene haben sich mit solchen Wahrnehmungseffekten beschäftigt. Unter dem Suchbegriff Op Art findest du faszinierende Beispiele.

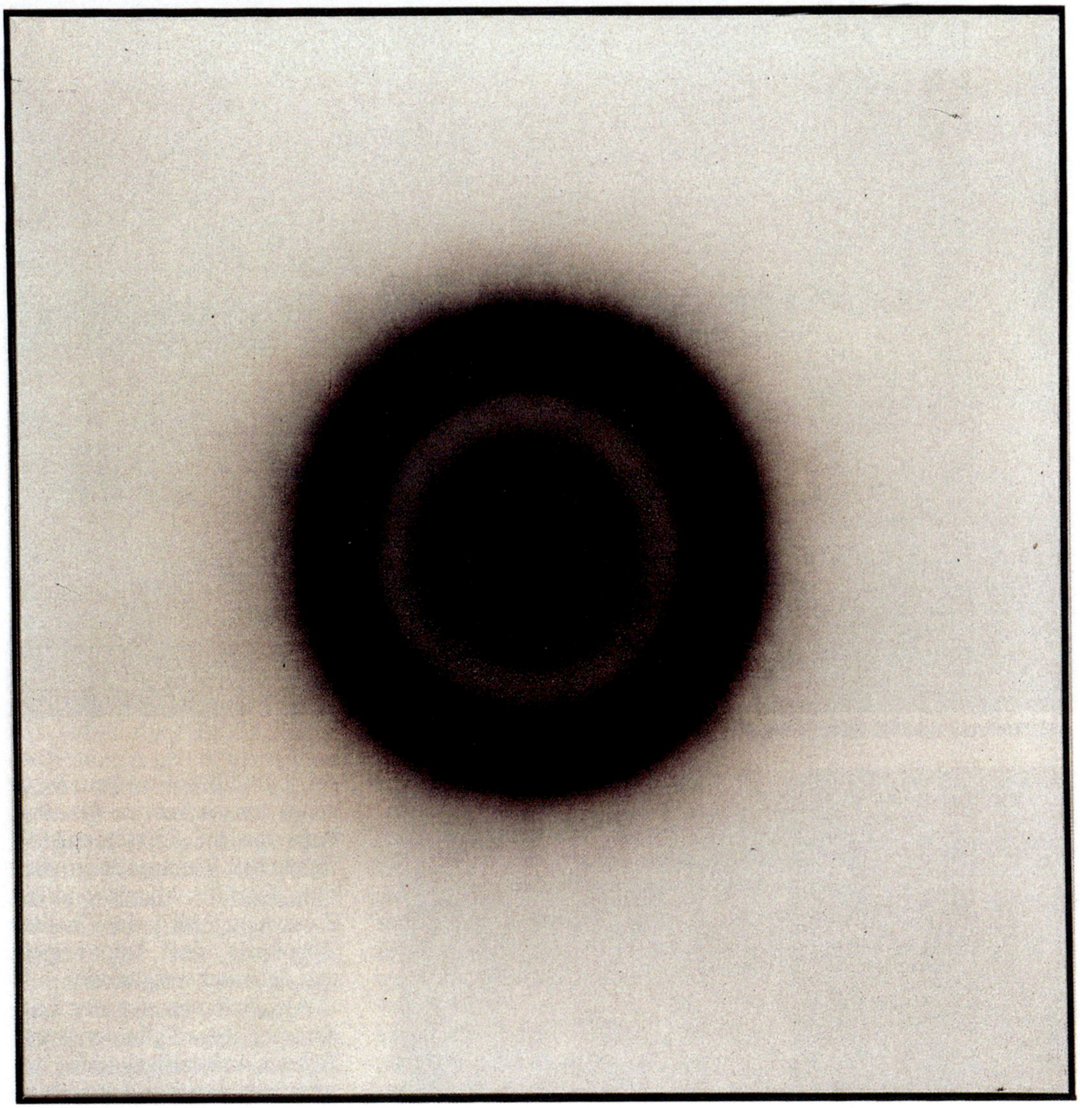

Otto Piene: Rauchbild, 1961 (111 x 111 cm), Ölfarbe und Ruß

Gehe mit den Augen langsam immer näher an „Rauchbild“ heran. Wenn sich eine Räumlichkeit ergibt, halte den Abstand bei und versuche, die Augen still zu halten. Beschreibe, was du siehst.

Regeln auf- und infrage stellen

Veränderungen

Roman Opalka: 983125

Der Künstler Roman Opalka hat sich für sein Projekt „1965/1-∞“ Regeln ausgedacht, mit denen er eine über Jahre andauernde Zeit sichtbar machen kann. So viel sei verraten: Er bemalt Jahr für Jahr Leinwände mit Zahlen. Außerdem fotografiert er sich selbst immer wieder.

Mache dich auf die Suche nach Opalkas Regeln.

Roman Opalka: 1965/1-∞ (Ausschnitt, Original: 196 x 135 cm)

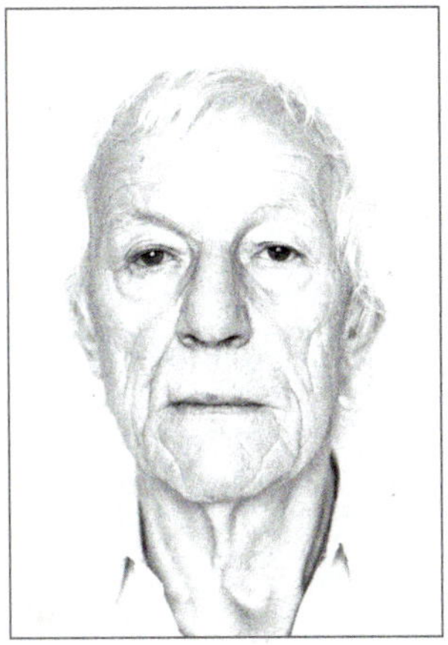

Roman Opalka: 5148991

Klappe Seite 163 nach außen und vergleiche Opalkas Bilder mit dem Kathedralenbild von Monet. Abgesehen vom Bildgegenstand: Was ist verwandt, worin unterscheiden sie sich?

Altbekanntes – neu entdeckt

Georg Baselitz: Schwarze Sängerin, 1982 (250 x 200 cm)

Seit 1969 malt Georg Baselitz Bilder, die auf dem Kopf stehen. Warum er das macht? Dadurch, dass er seine Figuren verkehrt herum malt, kann er sich auf die Formen und Farben konzentrieren. Wie sieht ein Kopf genau aus? Normalerweise achten wir gar nicht mehr darauf. Die Figur hängt wie eine Fledermaus von der Decke. Plötzlich fällt auf, wie fest verwurzelt wir auf der Erde stehen.

Entdecke deine Welt neu! Halte dazu einen Spiegel vor die Brust und schaue von oben hinein. Du findest interessante Ausschnitte in dieser verkehrten Welt.

Die Skulptur von David Smith ist aus rostfreiem Stahl, sie ist tonnenschwer. Aber wie hält sie zusammen, besonders auf der rechten Seite? Wir sehen etwas, von dem wir wissen, dass es normalerweise nicht funktionieren dürfte. Und was ist das überhaupt für ein eigenartiges Kunstwerk? Wie ein leerer Rahmen wirkt es. Aber leer ist der Rahmen nicht …

Suche möglichst viele Gegensätze, die Smith mit seiner Plastik in ihrem Umfeld aufbaut. Könnt ihr das Prinzip von „Cubi XXVII" umdrehen? Dazu müsst ihr Fotos arrangieren, bei denen ihr kubische Formen eurer Umwelt mit Pflanzenformen umrahmt.

David Smith: Cubi XXVII, 1965 (283 x 225 x 86,5 cm)

Neu Entdecktes einsetzen

Lyonel Feininger: Gelmeroda IX, 1926 (108 x 80 cm)

Lyonel Feininger entwickelte eine ganz neue Darstellungsweise. Seine Stadtansichten sehen aus, als bestünden sie aus Glasflächen, die sich überlagern und ihr farbiges Licht streuen.

Die Szene mit dem Skateboarder ist mit dem Zeichenprogramm eines Textverarbeitungsprogramms gestaltet: Einfügen des Fotos, Zeichnen passender geometrischer Grundformen, Zuweisen von Füllfarben, Bestimmen des Grades der Transparenz.
Wähle ein Foto als Vorlage aus und los geht's!

Ein Regelverletzerprojekt?

Künstler arbeiten nicht nach Normen, oft arbeiten sie sogar gezielt gegen überlieferte Regeln an. Hier könnt ihr den Spieß einmal umdrehen. Sucht im KUNSTBUCH nach Werken, die sich für eure Ideen eignen: Aus einem spindeldürren Hund wird ein vollgefressener, die feinen Bildpunkte der Pointilisten werden zu groben Kacheln usw. Der Computer hilft euch bei der Umsetzung.

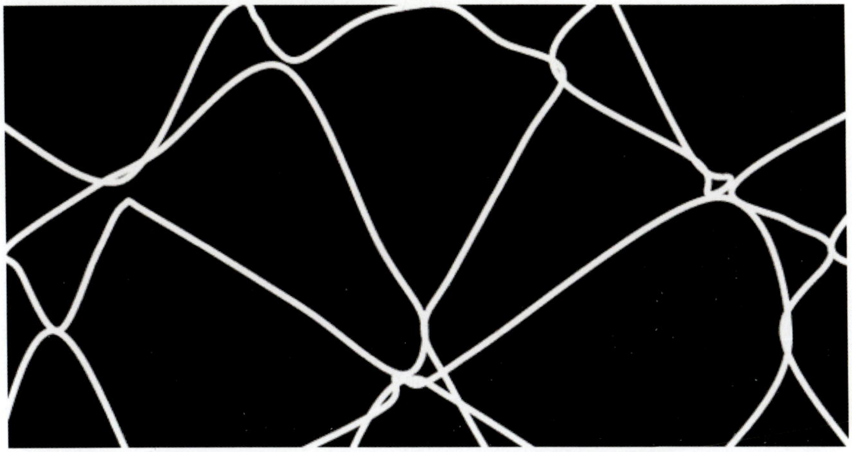

Schülerarbeiten

Nachgeschlagen

Absolutismus

Auch heute noch gibt es in Europa Monarchien, also Staaten, in denen es einen König oder eine Königin gibt. Allerdings werden auch in diesen Monarchien die Gesetze vom Parlament gemacht, von den Bürgern also.
Eine Monarchie, in der der König uneingeschränkt herrscht, ohne sich mit einem Parlament abzustimmen, nennt man absolutistisch. Die Blütezeit des Absolutismus war das Barock im 17. und 18. Jahrhundert. Ein typisch absolutistischer Herrscher war Ludwig XIV. von Frankreich, der „Sonnenkönig". Er glaubte, er wäre von den Göttern auf die Erde geschickt worden.

Abstrakter Expressionismus

Der abstrakte Expressionismus ist eine Stilrichtung der Malerei, bei der sehr heftig gemalt wird (action painting). Die Bilder sind ungegenständlich, sie zeigen ein freies Spiel von Linien, Pinsel- und Farbspuren. Sie drücken die Gefühle des Künstlers beim Malen sehr deutlich aus, weil keine Gegenstände davon ablenken. Kräftige Formen und Farben sind typische Merkmale. Wegen dieser Nähe zu den Expressionisten bekam die Stilrichtung ihre Bezeichnung.
Verwandte Kunstrichtungen sind Tachismus und Informel.

Abstraktion

Abstraktion bedeutet, etwas auf sein Wesentliches zu vereinfachen. Alles Zufällige wird weggelassen.
Mit der Bezeichnung „abstrakte Kunst" werden oft Kunstwerke bezeichnet, die keine wiedererkennbaren Gegenstände, Menschen usw. darstellen. Da hier nicht von der sichtbaren Welt der Natur oder der Gegenstände ausgegangen wird, um sie zu vereinfachen, ist der Begriff „ungegenständliche Kunst" besser.

Akkumulation

Mit einer Anhäufung immer gleicher Industrieprodukte etwas Individuelles, Einmaliges zu schaffen ist Ziel einer Akkumulation. Sie lenkt den Blick auf solche viel genutzten, aber selten aufmerksam wahrgenommenen Gegenstände.

Aktionskunst

Aktionskunst besteht nicht aus einem gegenständlichen Kunstwerk, sondern aus einer inszenierten Aktion. Nach der Ausführung ist das Kunstwerk weg, lebt nur noch in den Gefühlen, Erinnerungen und Gedanken der Zuschauer weiter. Gegenstände und Bilder, die bei der Kunstaktion entstehen und später in Ausstellungen gezeigt oder in Büchern abgedruckt werden, sind nicht das Kunstwerk selbst. Sie helfen dabei, die Aktion nachempfinden zu können.

Mehr über Aktionskunst findest du unter den Suchbegriffen Performance, Happening und Fluxus (lateinisch fluxus: fließend).

Aleatorik

Wer gezielt Zufälle provoziert, arbeitet aleatorisch. Das kann man durch Verspritzen von Farbe machen – wer kann schon voraussehen, wo sie landet? Oder durch schnelles Bewegen einer Kamera, sodass Bewegungsunschärfe entsteht – viele Musikvideos arbeiten so. Warum man das macht? Es entstehen Effekte, die der Künstler nicht gezielt erzeugen könnte und die ihn zu spontanen Reaktionen zwingen.

Ansicht

Wie bedrohlich sieht wohl ein Storch mit seinen ellenlangen Beinen aus der Sicht eines Frosches aus? Auf alle Fälle riesengroß. Die Sicht auf die Dinge hängt von der Augenhöhe des Betrachters ab. Gegenstände, die unter der Augenhöhe liegen, sehen wir von oben, alles, was sich über Augenhöhe befindet, von unten.
Nach Naturvorbildern hat man zwei verschiedene Ansichten benannt: In der **Froschperspektive** liegt die Augenhöhe (grüne Horizontlinie) tief, wir sehen die Welt von unten, sodass sie riesig wirkt.
In der **Vogelperspektive** liegt die Augenhöhe hoch, sodass wir meinen, wie ein Vogel über dem Geschehen zu fliegen.
Streng genommen sind die Begriffe Frosch- und Vogelperspektive falsch. Die Perspektive ist die Darstellung eines Raumes von der Bildebene in die (vorgetäuschte) Tiefe, die Ansicht ist die Wahrnehmung des Raumes vom Auge bis zur Bildebene. Richtig müsste es also Frosch- und Vogelansicht heißen.

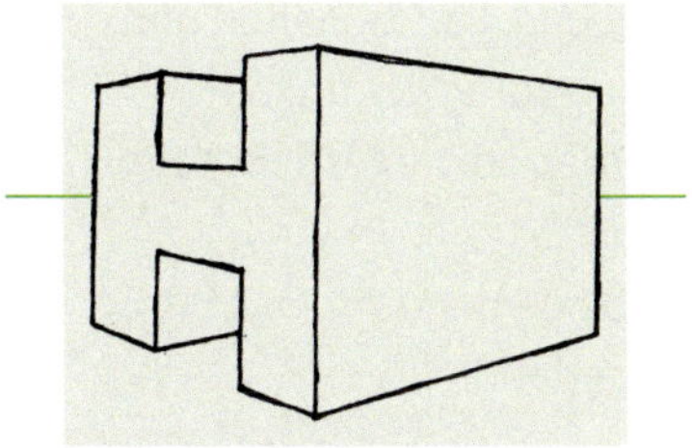

In der Froschperspektive ragen Körper deutlich über den Horizont hinaus.

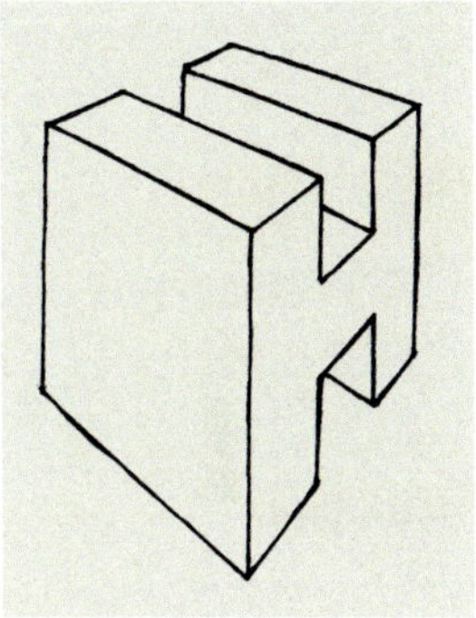

In der Vogelperspektive liegen die Körper unterhalb des Horizonts.

Assemblage

Eine Assemblage ist eine Collage aus dreidimensionalen Objekten. Wie bei der Collage werden die Einzelelemente so zusammengefügt, dass sich eine erkennbare Ordnung ergibt. Die Assemblage verwendet meistens fertige Objekte, unterscheidet sich aber vom Ready Made, das nur ein Objekt herausstellt.
Eine verwandte Kunstform ist die Akkumulation.

Auftragsarbeit

Im Mittelalter waren Maler noch reine Handwerker. Sie malten Bilder immer im Auftrag von anderen Menschen. Das ist heute seltener der Fall: Künstler machen die Kunstwerke meistens aus eigenem Antrieb und suchen dann einen Käufer dafür.

Ausstellung

Kunst wird nicht für „das stille Kämmerlein" gemacht, sondern soll von anderen wahrgenommen werden. Eine gute Kunstausstellung ist nicht einfach nur eine Anhäufung von Kunstwerken. Sie verdeutlicht, was die einzelnen Werke miteinander verbindet. Durch Rahmen und Sockel werden die Kunstwerke so herausgehoben, dass man sie immer auch für sich selbst wahrnehmen kann.

Barock

Unter Barock versteht man eine Epoche, die vor ungefähr 400 Jahren begann. Sie war geprägt durch die beiden großen Machtgruppen der Zeit: den Adel und den Klerus (die Kirche). Die vom **Adel** in Auftrag gegebene Kunst sollte seine Macht prachtvoll zur Schau stellen. Es gab einen regelrechten Wettbewerb, wer sich das aufwendigste Schloss mit der wertvollsten Ausstattung leisten konnte. Die Parkanlagen der Schlösser bildeten künstliche Landschaften nach, bis hin zu extra erbauten Bauerndörfern, in denen die Fürsten das nachspielen konnten, was sie für das einfache Landleben hielten. Dass das wahre Landleben im Barock nicht romantisch war, sondern von bitterster Armut geprägt, blendeten die Adligen aus.
Die vom **Klerus** in Auftrag gegebene Kunst spiegelte die Spaltung der christlichen Kirche in die katholische und die protestantische wider.
Im evangelisch beeinflussten Barock gab es wenig direkt religiöse Bildthemen. Die Protestanten waren der Meinung, dass eine bildliche Darstellung von der eigenen religiösen Vorstellung ablenken würde. Stattdessen wurden viele Alltagsszenen, Landschaften und Stillleben gemalt. Christliche Werte wurden darin symbolisch ausgedrückt. Im „katholischen Barock“ dagegen dominierten religiöse Themen. Sie wurden so dargestellt, dass sie der Betrachter für echt, also für wirklich geschehen halten sollte.
Allen Spielarten des Barock ist eine sehr naturgetreue Darstellung gemeinsam. Das Barock endete mit den Revolutionen in Frankreich, Deutschland und Russland.

Bauhütte

Im Mittelalter dauerten Kirchenbauten länger als ein Menschenleben. Um die Arbeit der Handwerker und Künstler organisieren zu können, wurden Bauhütten gegründet. Sie sind vergleichbar mit einer Firma, die nur für ein einziges Gebäude gegründet wurde.

Bedeutungsperspektive

Bei der Bedeutungsperspektive werden die Dinge in einem Bild nicht in ihrer wirklichen Größe dargestellt, sondern entsprechend ihrer Wichtigkeit oder Bedeutung.

biblia pauperum

Bildung konnten sich früher nur wenige leisten. Die meisten Menschen konnten weder lesen noch schreiben. Die biblischen Geschichten wurden ihnen deshalb in gemalten Bildern, Reliefs oder Skulpturen gezeigt. Diese Form der Darstellung nennt man „biblia pauperum“, das heißt übersetzt: die Bibel für die Armen.

Bildraum

Ein Bild ist zunächst eine Fläche. Wenn ein Maler die Illusion eines Raumes auf dieser Fläche erzeugt, ergibt sich ein Bildraum.

camera obscura

Die camera obscura wurde früher als Zeichenhilfe eingesetzt. Mit ihrer Hilfe konnte man durch ein kleines Loch ein Abbild der Wirklichkeit auf einen Malgrund projizieren und dieses dann nachzeichnen.
Eine camera obscura kann man einfach selbst bauen. Anleitungen findest du im Internet.

Collage

Eine Collage ist ein Klebebild. Sie kann aus verschiedenen Papieren, Fotos, Zeitungs- und Zeitschriftenausschnitten und auch aus eigenen Zeichnungen oder Malereien bestehen. Häufig spielt in Collagen die Schrift eine Rolle.
Großer Vorteil der Collage ist, dass die einzelnen Elemente vor dem Aufkleben verschoben werden können, bis die gewünschte Zusammenstellung und Wirkung gefunden wurde.
Siehe auch ➡ **Decollage** und ➡ **Assemblage**.

Combine painting

Im 20. Jahrhundert entwickelten sich viele neue Kunstformen. Die strenge Trennung in Malerei, Zeichnung usw. wurde dabei aufgehoben. Das Combine painting ist hierfür ein Beispiel: In diesen Werken werden gemalte Bildteile mit realen Objekten zu einem Werk zusammengestellt. Die realen Gegenstände bilden so häufig eine „Brücke" aus der Welt des Betrachters in die Welt des Kunstwerkes.

Comic

Ein Comic ist eine Bildergeschichte aus einzelnen Panels. Er hat eine eigene Bildsprache: Ballons für Gesprochenes, Grundfarben, schwarze Konturlinien, Speedlines, Lautmalereien usw. Ein Comic ist eine Zeichenform junger Künstler, sie verändert sich daher stark mit der Zeit und der Gesellschaft. Vor zwanzig Jahren waren Mangas aus Japan sehr aktuell, dann die Graphic Novel usw.

Decollage

Im Gegensatz zur ➡ **Collage** werden bei der Decollage Dinge nicht zusammengeklebt, sondern auseinandergerissen bzw. voneinander getrennt. Beliebtes Ausgangsmaterial bilden Plakatwände, bei denen normalerweise immer neue Plakate übereinandergeklebt werden. Löst man nun Teile der einzelnen Schichten ab, so ergibt sich nicht nur ein reizvolles Bild, sondern eine Art Zeitreise durch die Plakate.

Design

Design bezeichnete ursprünglich eine Entwurfszeichnung oder ein Muster für ein künstlich hergestelltes Produkt. Im weiteren Sinn ist Design das gezielte Formgeben bei einem Produkt. Planungsaspekte, die ein Designer berücksichtigen muss, sind Funktion, Aussehen, Herstellbarkeit, Symbolwirkung, Wiedererkennbarkeit einer Marke usw.

Digitale Bildbearbeitung

Wird die Datei eines Bildes auf einem Computer bearbeitet, spricht man von digitaler Bearbeitung. Es bieten sich dabei unvorstellbar viele Möglichkeiten – eine tolle künstlerische Herausforderung. Es steckt aber auch eine Gefahr darin, denn bei digital bearbeiteten Fotos sind die Eingriffe oft nicht mehr erkennbar. Da Fotos wie unverfälschte Abbilder der Wirklichkeit aussehen, bietet das die Möglichkeit des Betrugs und der Manipulation von Meinungen.

Drucken

Unterschieden werden drei Druckverfahren: Beim **Hochdruck** sitzt die Farbe auf Erhöhungen des Druckstocks. Beispiele sind Holzschnitt, Linolschnitt und Materialdruck. Beim **Tiefdruck** wird die Druckfarbe in Ritzen im Druckstock eingerieben und dann mit einem leicht gequol-

lenen Papier „herausgedruckt". Neben dem ➡ **Fotodruck** wird das bei Radierungen oder Kupferstichen gemacht. Bei **Flachdruckverfahren** liegen die eingefärbten und die nicht zu druckenden Bereiche in einer Ebene. Beispiele sind Siebdruck und Lithografie.
Drucke dienten ursprünglich hauptsächlich der Vervielfältigung von Texten oder Bildern. Ein Künstler entwarf ein Bild und gab es dann in eine Druckwerkstatt. Dort wurde es von Handwerkern in einen Druckstock umgesetzt und gedruckt.
Je nach Drucktechnik musste die Vorlage umgearbeitet werden. Für den Holzschnitt „Rhinozeros" fertigte der Künstler Albrecht Dürer eine Zeichnung an, die ein sogenannter Formschneider in einen Holzschnitt übertragen musste. Da sich die feinen Linien der Zeichnung nur schwer in einen Hochdruck übersetzen lassen, war besondere Kunstfertigkeit des Formschneiders erforderlich.
Erst später setzten Künstler typische Merkmale der verschiedenen Drucktechniken gezielt zur Gestaltung ein. Gut lässt sich das an den Holzschnitten der Expressionisten erkennen. Auch heute noch lassen viele Künstler ihre Drucke in professionellen Druckwerkstätten ausführen. Sie arbeiten sehr sorgfältig und erzielen beste Druckergebnisse.
Ein Druckvorgang muss gut vorbereitet und organisiert werden:

Arbeitsplatz 1: Hier wird der Druckstock mit verschiedenen Werkzeugen hergestellt.

Arbeitsplatz 2: Hier wird der Druckstock mit einer Farbwalze eingefärbt. Dazu walzt man die Druckfarbe auf einer glatten Fläche aus. Verschmutzungen des Tisches wischt man immer sofort wieder weg.

Arbeitsplatz 3: Hier lagert das Druckpapier. Bitte nur mit sauberen Händen wegnehmen.

Arbeitsplatz 4: Hier wird gedruckt!
Dazu das Druckpapier auf den Druckstock legen und mit einer sauberen Farbwalze fest andrücken. Hinterher den Tisch von Farbresten säubern, damit beim nächsten Druck nur der Druckstock und nicht auch der Tisch druckt!

Arbeitsplatz 5: Die Drucke an einem sicheren Ort, z. B. an einer gespannten Wäscheleine oder in einem Trockengestell, trocknen lassen.

Einstellungsgrößen

Ein Film soll fesseln. Durch den Ausschnitt, den die Kamera wählt, wird der Blick des Zuschauers auf das Wichtigste gelenkt. Die Art des Ausschnitts heißt in der Filmsprache Einstellungsgröße. Auch der Comic schafft durch den Wechsel der Einstellungsgrößen einen abwechslungsreichen Bildfluss. Um die wichtigsten Einstellungsgrößen kennenzulernen, zoomen wir aus einiger Entfernung immer weiter in ein Bild hinein:
In der **Totalen** sieht man einen Überblick über den ganzen Ort des Geschehens. Personen sind in ihrer ganzen Größe sichtbar.

Ist noch einiges von der Umgebung zu sehen, die Hauptsache ist aber deutlich hervorgehoben, spricht man von einer **Halbtotalen**. Personen sind ganz zu sehen oder an den Beinen leicht angeschnitten.
Eine **Naheinstellung** zeigt das Wichtige so groß, dass Einzelheiten gut zu erkennen sind. Von Personen sieht man weniger als die Hälfte, z. B. vom Kopf bis zur Brust oder Schulter.
Zoomt die Kamera noch näher heran, sodass das gesamte Gesicht oder ein wichtiger Gegenstand das Bild ausfüllt, spricht man von einer **Großeinstellung**.
Eine **Detaileinstellung** zeigt einzelne Ausschnitte fast ungewohnt groß. Hier liegt die Kontur eines Gesichtes oder Gegenstands außerhalb des Bildausschnitts. Der Betrachter sieht z. B. nur noch weit aufgerissene Augen oder einen Kussmund.

Expressionismus

Expression heißt Ausdruck. Der Expressionismus ist eine Stilrichtung, die heftige Eindrücke ausdrückt.

Fantastik

Fantastische Kunst möchte keinen Zweifel aufkommen lassen, dass sie etwas darstellt, was man in der wirklichen Welt nicht finden kann. Sie zeigt, was Künstler vor ihrem „inneren Auge" sehen. Sie setzt das oft sehr realistisch um. Das irritiert und bringt uns zum Nachdenken.

Farbauszug

Ein Farbauszug dient dazu, die Farbigkeit eines Bildes zu untersuchen. Dazu werden nur bestimmte Farbzusammenhänge „herausgezogen".
Schritt 1: Betrachte das Bild unter der Fragestellung der Aufgabe.
Schritt 2: Pause die groben Umrisse der Bildelemente ab (keine Details).
Schritt 3: Male die groben Formen aus. Fasse Farbnuancen zusammen.
Schritt 4: Betrachte das Ergebnis. Welche Zusammenhänge erkennst du?

Farbkontraste

Diese beiden Farbflächen heben sich kaum voneinander ab, sie haben einen geringen Farbkontrast zueinander. Es gibt verschiedene Arten von Farbkontrasten.
Ein **Komplementärkontrast** herrscht zwischen zwei Farben, die sich im Farbkreis gegenüberliegen. Er ist der größtmögliche Unterschied in der **Farbqualität**, also zwischen verschiedenen Farben (Rot, Orange, Gelb, Grün, Blau).
Ein **Helligkeitskontrast** entsteht, wenn eine Farbe mit Schwarz oder mit Weiß gemischt wird (Hellrot gegen Dunkelrot).
Ein **Intensitätskontrast** kann auf zwei Arten erzeugt werden. Wird eine Farbe mit mehr oder weniger Wasser angerührt, erhält man unterschiedliche Intensitäten (intensives Rot gegen verwässertes Rot). Wird eine Farbe mit ihrer Komplementärfarbe gemischt, entsteht ein Unterschied in der Reinheit (reines, leuchtendes Rot gegen unreines, schmutziges Rot).
Grundlage des **Temperaturwertkontrastes** ist unsere Erfahrung. Feuer ist heiß, Eis kalt. Der größte Temperaturkontrast besteht zwischen Orangerot (Feuerrot) und Blaugrün (Eisblau). Außerdem wirken intensive Farben wärmer als verwässerte.

Die Wahrnehmung einer Farbe ändert sich durch ihre Farbumgebung. Komplementärfarben, die dicht nebeneinanderliegen, scheinen zu blenden. Ein Rot in einer gelben Farbfläche wirkt anders als in einer blauen. Dies nennt man **Simultankontrast**.

Farbperspektive

Auf einer Fläche kann man nur durch den Einsatz von Farben den Eindruck einer Räumlichkeit erzeugen. Dabei gilt: Rottöne scheinen sich in den Vordergrund zu drängen, Blautöne dagegen in den Hintergrund zurückzuziehen.
Der Einsatz der Farbperspektive ist oft mit dem Einsatz der ➡ **Luftperspektive** kombiniert.

Farbwirkung

Jeder Farbton hat eine eigene Wirkung. So empfinden wir Blaugrün als kalt, Rot dagegen als warm, aber auch als aggressiv und dynamisch. Erstaunlich ist, dass diese Farbwirkung zwar nicht genau festgelegt werden kann, trotzdem konnte man durch Experimente bestätigen, dass bestimmte Farbtöne bei vielen Menschen sehr ähnliche Empfindungen auslösen.

Eine Auswahl:

Farbe	positive Wirkung	negative Wirkung
Rot	Energie, Liebe	Wut, Aggression
Orange	Lebensfreude, Gesundheit, Selbstvertrauen	Aufdringlichkeit, Warnung, billig
Gelb	Heiterkeit, Freude, Vernunft	Rachsucht, Geiz, Neid
Grün	Sicherheit, Hoffnung, Harmonie	Müdigkeit, Stillstand, Neid
Türkis	Klarheit, Freiheit, Offenheit	Distanz, Leere
Blau	Schönheit, Ruhe, Sehnsucht	Nachlässigkeit, Traurigkeit, Träumerei
Violett	Magie, Frömmigkeit	Stolz, Arroganz
Pink	Pracht, Engagement	Arroganz
Weiß	Klarheit, Reinheit, Unschuld	Unnahbarkeit, Distanz
Grau	Vorsicht, Neutralität, Zurückhaltung	Langeweile, Eintönigkeit
Schwarz	Feierlichkeit, Ansehen, Würde	Trauer, Furcht, Bedrohung

Die Wirkung eines Farbtons hängt stark von seiner Reinheit ab, aber auch von seiner Farbumgebung. So wirkt Rot in Nachbarschaft zu warmen Farbtönen dynamisch und warm strahlend, umgeben von Schwarz eher klar und modern.
Harmonische Farbwirkungen erzielt man durch die Kombination benachbarter Farbtöne, durch die Beschränkung der Farbpalette auf warme oder kalte Farbtöne, durch die Kombination der reinen Farbe mit aufgehellten oder abgedunkelten Farbabstufungen. Unharmonisch wirkt es, wenn die ganze Farbpalette ausgeschöpft wird.

Figur-Grund-Beziehung

Unser Denken sucht in dem, was wir sehen, erkennbare Formen. Alles, was nicht zu einer erkennbaren Form gehört, wird als Hintergrund dieser Figur gedeutet. Kann sich unsere Wahrnehmung nicht zwischen verschiedenen Deutungen entscheiden, kippt die Ansicht, was Figur und was Grund ist, ständig hin und her.

Film

Ein Film unterscheidet sich von Bildern durch die Dimensionen Zeit und Bewegung. Künstler hat das von seiner Erfindung an interessiert. Jeder Moment ist vergangen, sobald er zu sehen ist, nichts kann festgehalten werden. Wird das versucht, indem sehr lange nur eine Einstellung gefilmt wird, wirkt es für den Zuschauer quälend langweilig – ganz anders als bei einem Gemälde oder Foto.

Flächenkunst

Grundsätzlich unterscheidet man zwischen Kunst, die auf einer Fläche erzeugt wird (einem Blatt Papier, einer Leinwand …), und der dreidimensionalen plastischen Kunst. Klassische Flächenkünste sind die Zeichnung, die Malerei und die Druckgrafik. Moderne Kunstformen lassen sich oft nicht mehr in diese Begrifflichkeit einordnen, wie z. B. das ➡ **Combine painting**.

Fluchtpunktperspektive

Siehe ➡ **Perspektive**.

Fotocomic

Einen Fotocomic herzustellen ist ein interessantes Projekt. Zuerst muss eine Geschichte gefunden werden. Sie wird in Einzelbilder zerlegt, die dann fotografiert werden. Sie werden sehr hell ausgedruckt und im Stil eines ➡ **Comics** übermalt. So wirken die Szenen perfekt gezeichnet.

Fotodruck

Der Fotodruck ist ein Tiefdruckverfahren, es wird also Farbe aus tiefer liegenden Schichten des Druckstocks gedruckt.

Grundlage für den Fotodruck ist eine Fotografie auf Fotopapier (Vorsicht: keine Tintenstrahlausdrucke verwenden). Mit einer Radiernadel kannst du das Foto durch Einritzen „nachzeichnen“. Dabei sollte nur die oberste, glatte Deckschicht durchtrennt werden. Die weiche, faserige Trägerschicht sollte ganz bleiben.

Schritt 1: Die Zeichnung einritzen

Du kannst Sichtbares nachfahren, Störendes weglassen, Neues hinzufügen. Da mit nur einer Farbe gedruckt wird, musst du Zwischentöne durch Schraffuren erzeugen.
Um zu überprüfen, was auf dem späteren Druck sichtbar sein wird, hältst du das Papier schräg gegen das Licht.

Schritt 2: Den Druckstock einfärben

Reibe mit einem Pinsel Linoldruckfarbe in die eingeritzte Zeichnung. Die weiche Trägerschicht nimmt die Farbe auf, während die Deckschicht sie weitgehend abweist. Reibe mit Gaze, grobem Stoff oder Papierhandtüchern die restliche Farbe von der Deckschicht ab.

Schritt 3: Drucken

Schaue beim Stichwort ➡ **Drucken** nach.

Fotografie

„Mit Licht geschrieben“ könnte man das Wort Fotografie übersetzen. Es verrät etwas darüber, woraus sie letztlich besteht. Wir halten eine Fotografie für ein direktes Abbild der Wirklichkeit, auch wenn das durch die Möglichkeiten der digitalen Bildbearbeitung und der Inszenierung nicht zutrifft.

Fotomontage

Der Begriff Fotomontage stammt aus einer Zeit, als man noch Teile eines Fotos mit dem Skalpell ausschnitt und so in ein anderes Foto montierte, dass man den Eingriff kaum bemerkte.

Maskenwerkzeuge

Strichlinie für markierten Bereich

Heute werden neue Elemente in ein Foto mit Bildbearbeitungsprogrammen eingefügt. Profis können das so perfekt, dass selbst Geheimdienste nicht mehr feststellen können, ob es sich um ein montiertes Bild handelt oder nicht.
Ein Beispiel für eine Fotomontage: Du möchtest ein Foto deines Freundes in ein Tierbild einfügen.
Schritt 1: Das Montagebild herstellen
Fotografiere deinen Freund vor einem einfarbigen Hintergrund.
Schritt 2: Vorbereitungen am Computer
Öffne das Tierbild in einem Bildbearbeitungsprogramm. Kostenlose Programme sind z. B. „fotofiltre“ oder „gimp“.
Schritt 3: Element auswählen
Öffne auch das Foto deines Freundes. Wähle mit dem Maskenwerkzeug „Zauberstab“ den einfarbigen Hintergrund aus. Klicke alle Bereiche des Hintergrundes (im Beispiel ❶, ❷, ❸ und ❹) an. Nun ist alles markiert, was du nicht kopieren willst. Drehe die Auswahl um (Maske oder Auswahl invertieren). Nun ist nur das Bild deines Freundes ausgewählt. Klicke auf den Button für *Kopieren*.
Schritt 4: Element einfügen und anordnen
Klicke das Tierbild an und klicke auf den Button *Einfügen*. Das Bild deines Freundes wird in das Tierbild eingefügt. Eine farbige Strichlinie zeigt an, dass das Element noch nicht fest mit dem Hintergrund verbunden ist. Verändere die Größe über die Eckpunkte des eingefügten Bildes, verschiebe es bei gedrückter linker Maustaste, bis es an der richtigen Stelle ist. Sobald du das Tierbild speicherst, ist das neue Element fest in den Hintergrund montiert. In den meisten Programmen kannst du jetzt nichts mehr an der Montage ändern.

Fresko

Beim Fresko wird ein Bild in die noch feuchte Putzschicht einer Wand gemalt. Wenn der Kalk abbindet, verbinden sich die Farbpigmente mit dem Putz und so entstehen sehr haltbare Gemälde.

Genremalerei

Genrebilder zeigen das Alltagsleben bestimmter gesellschaftlicher Gruppen. Ab dem 16. Jahrhundert zeigen Genrebilder das Leben der einfachen Leute. Das war davor nicht üblich, weil das Alltägliche als nicht wichtig angesehen wurde. Wie müsste wohl ein Genrebild der Schule aussehen, damit dein Alltag treffend dargestellt wird?

Geschlossene Plastik

Besteht eine Plastik aus einer kompakten Außenhülle, aus der nichts stark herausragt, spricht man von einer geschlossenen Plastik. Bei einem Würfel ist das immer so, bei menschlichen oder tierischen Figuren muss deren Form stark verändert werden.

Gesellschaftsporträt

Siehe ➡ **Porträt**.

Gestaltung

Der Begriff Gestaltung wurde anfangs nur für Naturformen verwendet, seit über 500 Jahren bezeichnet er aber die Formgebung von Künstlern. Der Mensch unterscheidet sich dadurch von Tieren, dass er seine Umwelt gestaltet.

Gewölbe

Ein Gewölbe ist die gewölbte Decke eines Raumes.
Der Dachbereich eines Gebäudes hat viel Masse. Das Gewölbe sorgt dafür, dass möglichst viel Druck genau senkrecht auf die Mauern wirkt. Dadurch wird die Gefahr verringert, dass die Mauern unter der Last des Daches zur Seite wegknicken.

Gewölbeformen (Blockansicht und Grundriss)

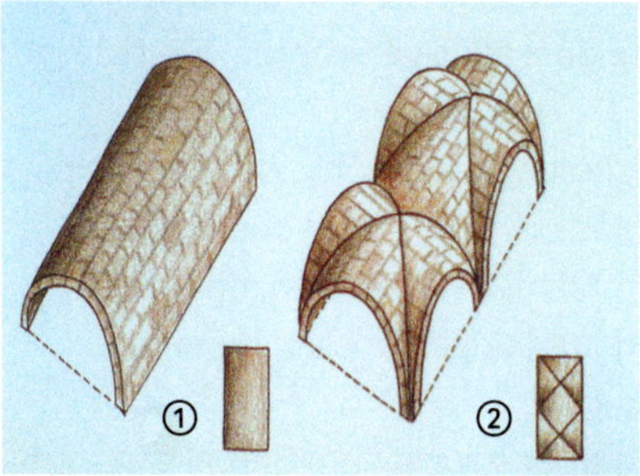

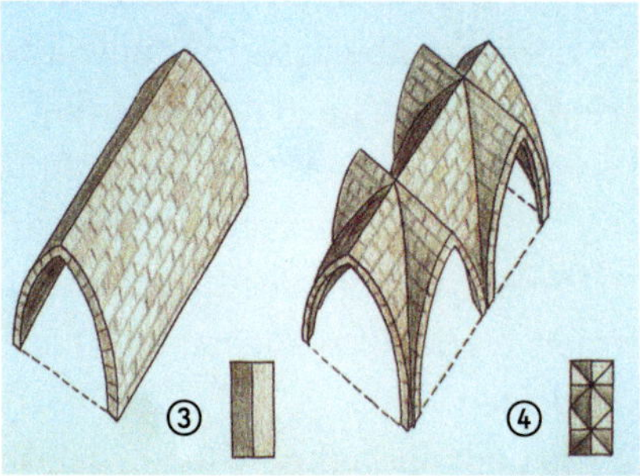

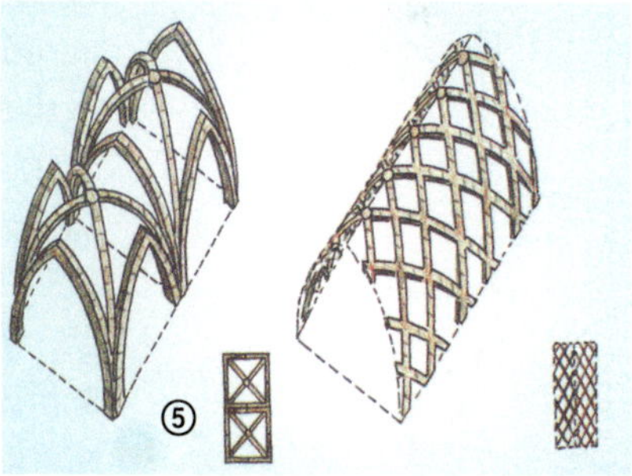

Ein Tonnengewölbe ① hat eine gleichmäßige Rundung. Kreuzen sich zwei Gewölbe, spricht man von einem Kreuzgratgewölbe ② und ④. Der Grat ist die Schnittlinie der beiden Gewölbe.
Als die Gebäude höher gebaut wurden, nahm auch die Masse des Daches zu. Ein Tonnengewölbe würde mit zunehmender Masse einbrechen. Deshalb muss das Gewölbe nach oben spitz zulaufen. Bei diesen Spitztonnen ③ wird der Schub des Gewichtes besser auf die Wände abgeführt.
Wird der tragende Teil des Daches nur noch aus einzelnen Säulen gebildet, spricht man von einem Kreuzrippengewölbe ⑤.

Gipsabguss

Mit Gips kann man sehr gut Formen aus- und abgießen. Die Polizei tut dies z. B. bei Reifenspuren oder Fußabtritten. Natürlich kann man das Verfahren auch in der Kunst anwenden. Es erfordert aber eine gute Vorbereitung.
Man benötigt eine Schale, weichen Ton, Wasser und Modellgips.

Schritt 1: Vorbereitungen

1.1 Zunächst braucht man als Gussvorrichtung ein Kunststoffgefäß. Der Rand sollte mindestens 4 cm hoch sein. Wenn man die Ränder ein wenig einfettet, lösen sich Ton und Gips später leichter von den Wänden.
1.2 Den unteren Teil des Gefäßes füllt man ungefähr bis zur Hälfte mit weichem Ton.

Schritt 2: Gussform herstellen

Um die Gussform herzustellen, drückt man nun Gegenstände in den weichen Ton und zieht sie vorsichtig wieder heraus. Achtung: Was als Vertiefung eingedrückt wird, wird später aus dem Relief herausragen!

Schritt 3: Gips gießen

3.1 Wenn die Gussform fertig vorbereitet ist, mischt man die Gießmasse in einem Kunststoffbecher an. Das Mischungsverhältnis ist auf der Packung des Modellgipses angegeben. Der Gips darf nicht zu fest werden – er muss noch gut fließen können. Achtung: Immer den Gips in Wasser streuen und nicht Wasser auf den Gips gießen!
Durch Umrühren erhält man eine gleichmäßige Masse.
Wichtig! Flüssiger Gips darf nicht in den Abfluss geschüttet werden, auch nicht verdünnt. Er würde im Abwasserrohr aushärten und dort alles verstopfen. Reste lässt man aushärten und wirft sie in den Restmüll.
3.2 Diese Masse wird nun in das Gefäß auf den Ton gegossen. Man staucht das Gefäß einige Male auf den Tisch, damit eventuell vorhandene Luftblasen im Gips nach oben steigen. Nach 5 bis 10 Minuten beginnt der Gips, fest zu werden. Mit dem Entformen muss aber gewartet werden, bis der Gips abgebunden hat – das dauert ungefähr eine Stunde.

Schritt 4: Entformen

Nun können Ton und Gips aus dem Gefäß gelöst und die Tonschicht vom Gips abgezogen werden. Tonreste werden mit Wasser abgespült. Achtung: Noch ist der Gips weich, richtig fest ist er erst, wenn er mehrere Stunden durchgetrocknet ist!

Gotik

Mit Gotik wird die Epoche des ausgehenden Mittelalters bezeichnet. Sie dauert etwa von 1150 bis 1450. Wie im gesamten Mittelalter spielen der Adel und besonders die Kirche die bestimmende Rolle als Auftraggeber von Kunst. Daher herrschen in Bildern religiöse Themen vor. Sehr oft ging es in der Kunst um das Anpreisen der Herrlichkeit und Allmacht Gottes. Das Hauptaugenmerk der Architektur war auf den Bau von Kirchen gerichtet.
Schon vorher waren die Kirchenbauten immer mächtiger geworden. In der Gotik aber strebten die Baumeister in schwindelerregende Höhen. Das Gewicht des Bauwerks wurde über Pfeiler abgestützt, die zuvor massiven Mauern wurden durch Fensterflächen ersetzt.

Das führte zu lichtdurchfluteten Innenräumen, aber auch zu Problemen mit der Standfestigkeit der Kirchen.

Grafik

Das Wort stammt aus dem Griechischen und bezeichnet das Einritzen, Schreiben und Zeichnen. In der Kunst ist es ein Sammelbegriff für Handzeichnungen und alle Arten von Druckerei.

Graffiti

Ein Graffito ist ursprünglich eine in Wand oder Fußboden eingeritzte Inschrift. In Ägypten wurden 5 000 Jahre alte Graffiti in Tempeln gefunden. Vor allem ab etwa 1970 entwickelten sich Graffiti zu einem Ausdrucksmittel der Jugend in amerikanischen Großstädten.
Statt dem Singular Graffito hat sich der Begriff Piece für ein Sprühbild durchgesetzt.
Man kann mehrere Formen von Graffiti unterscheiden:
Spruchgraffiti bestehen aus Sprüchen, die ohne Gestaltungsabsicht gesprüht werden: „Es ist viel zu früh zu spät."
Tags sind mit Filzstiften oder Sprühdosen schnell gezeichnete Initialen oder Namen.
Graffiti im engeren Sinn sind gesprayte Schriftzüge (Style Writing), Figuren (Characters) oder Verbindungen von beidem.
Sprayzeichnungen sind reine Zeichnungen, oft ohne Farbgestaltung. Einer der bekanntesten Künstler, die so arbeiten, ist der „Sprayer von Zürich", Harald Naegeli.
Für **Schablonengraffiti** werden Schablonen aus Papier, Blech oder Folien hergestellt und übersprüht. Der Künstler Banksy ist einer der bekanntesten Schablonensprayer. Da er nur im Verborgenen arbeitet, ist oft unklar, wie er seine teils überlebensgroßen Schablonen herstellt.

Graustufenbild

Im Computer gespeicherte Bilder können einfach bearbeitet werden. In der normalen Textverarbeitung öffnet ein Rechtsklick auf ein Bild ein Programm-Menü mit verschiedenen Funktionen. Auf der Registerkarte *Bild* kann unter der Funktion *Grafik formatieren* zwischen mehreren Farbeinstellungen gewählt werden. Ein Graustufenbild zeigt nur Helligkeitswerte an, ohne Farben. Helligkeit und Kontrast lassen sich über Schieberegler einstellen.

Grundriss

Der Grundriss eines Gebäudes zeigt, welche Funktionen in ihm erfüllt werden. Eine Kirche z. B. braucht einen großen Raum, in dem die Gläubigen sitzen und beten können, und einen gut beleuchteten und sichtbaren Bereich für den Altar. Um das Dach abstützen zu können, sind Pfeiler nötig. Sie brauchen Stellfläche auf dem Boden. Wenn man alles, was den Boden eines Gebäudes bedeckt, aufzeichnet, entsteht ein Grundriss.

Haptik

Mit Haptik wird bezeichnet, wie sich eine Oberfläche anfühlt. Da Skulpturen in Ausstellungen nur selten berührt werden dürfen, kann ihre Haptik dort nur erahnt werden. Manche Künstler spielen gezielt mit diesem Gefühl, die „hohe Kunst" anfassen zu wollen.

Hell-Dunkel-Verteilung

Die Verteilung heller und dunkler Bereiche an einer Figur oder in einem Bild bestimmt deren Wirkung wesentlich mit. Überwiegen die dunklen Anteile, entsteht ein düsterer, angsteinflößender, geheimnisvoller oder auch friedlicher Eindruck. Liegen sehr helle Flächen inmitten von dunklen, entsteht Aufmerksamkeit. Mit Helligkeitskontrasten kann man Wichtiges hervorheben und Dramatik erzeugen.

Holzschnitt

Der Holzschnitt ist ein Hochdruckverfahren. Ein Bild wird aus einer Holzplatte herausgeschnitten. Die Oberfläche dieses Druckstocks wird mit Farbe eingewalzt, sodass nur die Teile gedruckt werden können, die nicht vertieft wurden.
Der Holzschnitt ist das älteste Vervielfältigungsverfahren. Er stammt aus dem Osten Asiens, wo er seit dem 8. Jahrhundert angewandt wird. In der asiatischen Kunst hat er bis heute große Bedeutung.
Anfangs wurde hartes Holz verwendet, das möglichst wenig zum unkontrollierten Ausreißen einzelner Holzfasern neigt. Seit dem 20. Jahrhundert setzen Künstler gerne langfaseriges Holz ein, bei dem Holzteile ausbrechen und so die Beschaffenheit des Materials das Aussehen des Druckes mitbestimmt.

Hybris

Schon in den antiken Sagen wurden Menschen, die sich hoffnungslos überschätzen, als Warnung vor gotteslästerlichem Denken dargestellt. Denn nur das Göttliche kann unfehlbar sein.

Illusionismus

Eine Illusion ist etwas, das nicht wirklich, sondern nur scheinbar ist. Im Bereich der Malerei kann man das gut erklären, denn jedes Motiv auf einem Bild ist ja nur ein Abbild des eigentlichen Motivs: In ein gemaltes Schwimmbad können wir nicht springen.
Je mehr ein Maler sich bemüht, die Wirklichkeit täuschend echt nachzuahmen, umso höher ist der Illusionismus in seinem Bild. Manche Kunstform bemüht sich um möglichst perfekte Illusion. Andere Künstler wiederum versuchen, jede Illusion zu vermeiden. Sie wollen Wahrheiten zeigen, keine Trugbilder. Diese Künstler nennen den Versuch, etwas vorzutäuschen, abschätzig „Illusionismus".

Impressionismus

Die Bezeichnung *Impressionismus* war zunächst als Schimpfwort gemeint. Der Maler Claude Monet hatte ein Bild „Eindruck bei Sonnenaufgang" genannt. Er hatte einen Moment festgehalten, der so schnell vorbei ist, dass man ihn nur erahnen kann. Schöne Eindrücke (französisch: impressions) seien das, spottete ein Kunstkritiker. Er könne nur Farbgeschmiere erkennen in den Bildern dieser „Impressionisten".

Warum sich der Kritiker so aufregte? Die Impressionisten stellten völlig ungewöhnliche Bilder aus. Sie erzählten keine heroischen Momente aus der Geschichte mehr, sondern beschäftigten sich nur noch mit der Oberfläche der Dinge, mit dem, was unser Auge sehen kann.
Sie malten nicht mehr nur im Atelier, sondern bevorzugt im Freien. Nur so konnten sie die Stimmung eines Moments richtig erfassen. Das Licht spielte eine große Rolle, daher sind die Farben leuchtend. Schatten wurden nicht schwarz gemalt, sondern dunkelblau oder in der Komplementärfarbe.
Die Bilder waren nicht aufwendig komponiert, sondern spontan auf die Leinwand gemalt. Nur Skizzen machten die Impressionisten als Vorbereitung. Daher wirken ihre Bilder oft wie Schnappschüsse.
Die Farben wurden so aufgetragen, wie es der Malprozess ergab, sodass deutliche Pinselspuren zu erkennen sind. Pinselstriche wurden dicht nebeneinandergesetzt, sodass die Farben nur aus einiger Entfernung miteinander verschmelzen. Von Nahem betrachtet, sind sie unterscheidbar. Das empfanden die Menschen damals als schlampig. Es sah aus, als ob der Maler „nichts könne“. Bisher setzten die Maler alles daran, die Farbe so in vorgezeichneten Flächen zu verstreichen, dass möglichst wenige Pinselspuren zu erkennen waren. Davon hatten die Impressionisten genug. Man sollte den Regen auf den Bildern riechen können, die Wärme eines Sommertages spüren. Heute sind Ausstellungen mit impressionistischen Bildern Publikumsmagnete.

Installation

Von einer Installation spricht man, wenn die Wechselwirkung eines Kunstobjektes mit dem Raum, in dem es steht, gezielt geplant ist. Ein Kunstobjekt, das sich auf den Raum bezieht, oder der Raum, der sich auf ein Kunstobjekt bezieht – beides ist eine Installation. Als Betrachter betritt man in der Regel die Rauminstallation und wird so zum Bestandteil des Kunstwerks.

Inszenierte Fotografie

Im Gegensatz zur dokumentarischen Fotografie, die alles möglichst unverfälscht zeigen möchte, wird beim Inszenieren die Wirklichkeit verändert und dann fotografiert. Geschieht das so, dass der Betrachter die Eingriffe erkennen soll, spricht man im positiven Sinn von inszenierter Fotografie. Sie dient nicht der Manipulation der Betrachter.

Kaltnadelradierung

Eine Radierung wird nicht mit dem Radiergummi gemacht; der Begriff stammt vom lateinischen „radere“ für kratzen oder schaben. Bei der Kaltnadelradierung wird eine Zeichnung mit einer Radiernadel in eine Platte eingeritzt. In diese Ritzen wird Farbe gerieben, die dann aus der Tiefe der Ritzen gedruckt wird. Daher gehört die Kaltnadelradierung zu den Tiefdrucktechniken.
Genau genommen ist die Kaltnadeltechnik keine Radierung. Bei einer Radierung wird die Zeichnung in die Metalltafel geätzt. Die Nadel ritzt lediglich eine Lackschicht auf der Platte an, durch die dann die Säure eindringen kann.

Beim Erstellen einer Kaltnadeltechnik in eine Rhenalonplatte gehst du so vor:

Schritt 1: Den Druckstock erstellen
Ritze die Zeichnung in die Rhenalonplatte ein. Je tiefer die Kerben, desto kräftiger werden beim Drucken die Linien.

Hier wurde die Druckplatte schlecht ausgewischt. Eigentlich sollte der Hintergrund weiß sein. Schön kann man an den Farbnestern die Wischrichtung erkennen.

Schritt 2: Die Druckplatte einfärben
Reibe mit Druckergaze Druckfarbe in die eingeritzte Zeichnung. Durch kreisende Bewegungen dringt die Farbe gut in die Vertiefungen ein.
Nun muss die Farbe von der Oberfläche der Druckplatte weggewischt werden. Das ist schwierig: Wenn du zu wenig wegwischst, bleibt Farbe auf der Platte haften und verschmiert beim Drucken. Reibst du zu viel, nimmst du Farbe aus den Ritzen heraus, sodass der Druck später nicht satt schwarz wird.
Wische am besten rechtwinklig zu den geritzten Linien mit geraden Bewegungen und leichtem Druck. Beginne mit schmutziger Gaze und arbeite dich zu sauberer vor. Es bleiben im Schatten der Grate Farbnester, die später dem Druck einen interessanten Linienverlauf geben.

Schritt 3: Drucken
Verwende saugfähiges Tiefdruckpapier. Damit das Papier gut in die Ritzen eindringt, muss es leicht angequollen sein. Feuchte es mehrere Stunden vor dem Drucken mit einem sauberen Schwamm gut an und halte es zwischen großen Pappen feucht.
Beim Drucken legst du die Druckplatte mit der Ritzung nach oben und darüber das Papier. Decke beides mit einem Druckfilz ab und drehe es durch die Tiefdruckpresse.
Du musst den Druck der Presse richtig einstellen. Bei zu geringem Druck dringt das Papier schlecht in die Ritzen ein. Ist der Druck zu groß, werden die Grate entlang den Ritzen gequetscht und der Druckstock zerstört.
Einen guten Druck erkennst du an einem sauberen Hintergrund, an tiefschwarzen Linien mit leichten Farbnestern und an einem eingepressten, aber sauberen Rand dort, wo die Druckplatte aufhört.
Wie du eine Druckstraße aufbaust, findest du unter ➡ **Drucken**.

Karikatur

Eine Karikatur ist eine satirische Darstellung von Personen oder gesellschaftlichen Zuständen. Die Karikatur versucht, gleichermaßen zum Schmunzeln und zum Nachdenken anzuregen. Personen werden deutlich überzeichnet: Eine große Nase wird zu einem Mordinstrument, ein dicker Bauch zu einem gigantischen Ballon. Für die nebenstehende Karikatur musste der Zeichner Daumier ins Gefängnis.

Kirchenbauten

Kirchen sind die religiösen Bauten der christlichen Religionen. Nach der Symmetrie des Grundrisses unterscheidet man Zentralbauten (runder oder achteckiger Grundriss) und Längsbauten. Eine Grundform des Längsbaus ist die Basilika: Links und rechts eines Hauptgangs (Mittelschiff) liegen schmalere Nebengänge (Seitenschiffe).
Je nach Anzahl der Schiffe wird von dreischiffigen oder fünfschiffigen Kirchen gesprochen.
Die dreischiffige Basilika ist das Grundmuster für die meisten großen Kirchenbauten wie Kathedralen, Münster und Dome.

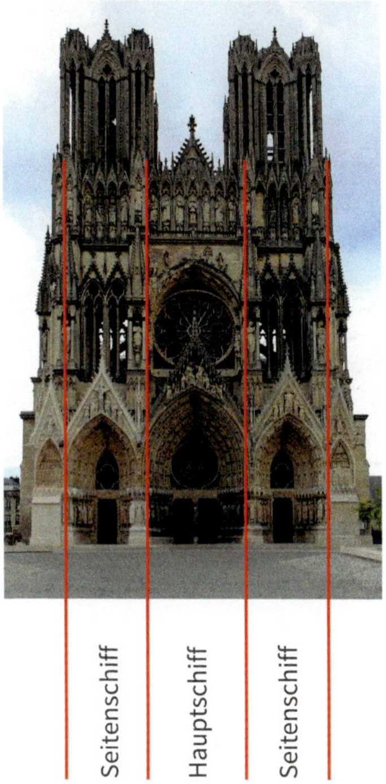

Kohlezeichnung

Mit Zeichenkohle kann man effektvolle Zeichnungen herstellen. Die aufgetragene Kohle lässt sich gut verwischen und ausradieren. Partien, die nicht mehr verwischen sollen, sollten mit einem Papier abgedeckt werden.
Damit die fertige Zeichnung stabil bleibt, wird sie mit Fixierspray eingesprüht. Vorsicht: mit ständigen Hin- und Herbewegungen aus mindestens 30 cm Entfernung einsprühen. Lieber weniger auftragen und dafür mehrmals.

Komposition

Das lateinische Wort „kompositere“ heißt „zusammenstellen“. Ein Musiker tut dies mit Noten, die er hintereinanderstellt und aufeinander abstimmt. Auch ein bildender Künstler muss sein Werk komponieren, das heißt, er muss seine Motive auf der Bildfläche so verteilen, dass ein gelungenes Zusammenspiel entsteht.

In einer Komposition plant der Künstler die Verteilung der Flächen, der Helligkeit, der Farben. Wichtig sind Achsen und Richtungen, die sich durch Formen ergeben. Diagonale Kompositionsachsen wirken z. B. kraftvoll, horizontale dagegen ruhig.

Konkave und konvexe Formen

Das lateinische „cavus" heißt ausgehöhlt. Nach diesem Wortursprung werden ausgehöhlte Formen konkav genannt. Die erhabenen, nach außen gewölbten Formen heißen dagegen konvex. Eselsbrücke: Die Zahl sechs ist außen konvex.
In der Plastik spielen konkave und konvexe Formen eine große Rolle. Während konvexe Formen auf der dem Licht zugewandten Seite hell sind und Lichtreflexe zeigen, sind konkave Formen stark von Schatten geprägt.

Konkrete Kunst

Künstlerinnen und Künstler suchten besonders seit den 1950er-Jahren nach dem Konkreten von Kunst. Wer Geschichten erzählen möchte, soll Schriftsteller werden. Eine Zeichnung besteht aus Linien, ein Gemälde aus Farben und Flächen, eine Fotografie aus Licht. Das Wort konkret ist auch als Gegensatz zu abstrakt gemeint: Konkrete Kunst lässt nichts weg wie abstrakte, sondern zeigt von vornherein nur das Entscheidende.

Kontext

Ein Kontext ist der Zusammenhang, in dem eine Sache steht. Eine lebensgroße Plastik auf einem Dorfplatz wirkt ganz anders als eine zwischen riesigen Hochhäusern. Ein modernes Gemälde wirkt inmitten mittelalterlicher Kunst fremd. Der Kontext eines Kunstwerkes fällt uns leichter auf, wenn er ungewöhnlich ist.

Konzeptkunst

Ein Konzept ist eine Idee oder eine Vorstellung von etwas. Konzeptkünstlern sind diese Ideen wichtiger als das Ergebnis, das bei ihrer Umsetzung herauskommt. Sie lassen ihr Kunstwerk oft sogar von anderen Personen ausführen. Sind die dann die Künstler? Ein bisschen schon, aber wer hatte die Idee?

Kubismus

Kubismus ist eine sehr missverständliche Bezeichnung für einen Kunststil zu Beginn des 20. Jahrhunderts, denn „Kuben" (= Würfel) findet man in den Werken der Kubisten fast gar nicht. Die Kubisten lehnten den ➡ **Illusionismus** sehr stark ab. Sie wollten keine Bilder „von" den Dingen, sondern „über" die Dinge schaffen und sie damit viel vollständiger darstellen, als das ein illusionistisches Bild kann. So malten sie ihre Motive z. B. von mehreren Seiten gleichzeitig in einem Bild.

Kultur

Kultur ist ein nur schwer zu beschreibender Begriff. Zu ihr gehören Werte und Verhaltensnormen genauso wie Kunstwerke, Texte, Musik und Alltagsgegenstände. Kultur ist ortsabhängig: In Asien ist sie anders als in Europa. Sie ist zeitabhängig: Im Mittelalter war sie anders als heute. Und es gibt nicht nur die gesicherte Kultur der Erwachsenen, sondern auch die der Provokation und Herausforderung. Diese Subkultur wird von jungen Menschen entwickelt. Ohne sie würde die herrschende Kultur erstarren.

Land Art

Kunst, die Landschaft nicht darstellt, sondern nutzt und aus Landschaft besteht, heißt Land Art. Die Kunstwerke von Heizer und Smithson sind so groß, dass man sie aus dem Weltall erkennen kann. Du findest sie bei Google Earth!

Linoldruck

Der Linoldruck ist ein Hochdruckverfahren. In den Druckstock aus Linoleum werden Vertiefungen geschnitten, die Druckfarbe wird auf die stehen gebliebenen Flächen aufgetragen.

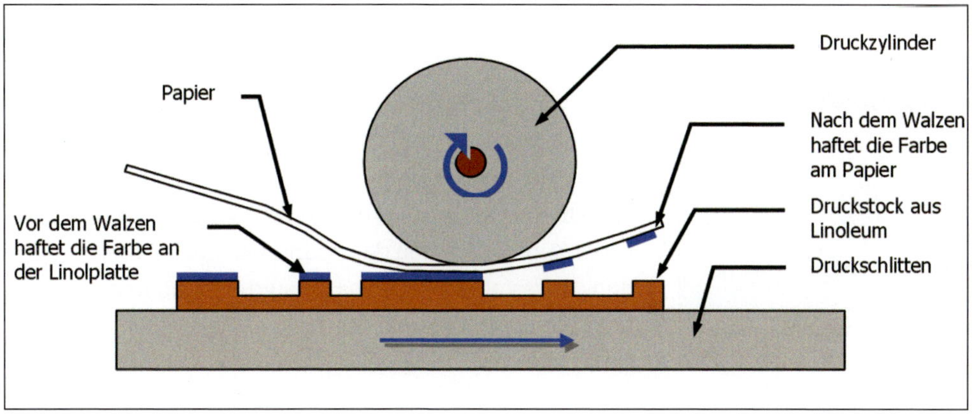

Linoleum ist eigentlich ein Fußbodenbelag. Leinöl („lini oleum") und härtende Zusatzstoffe werden auf ein Jutegewebe gepresst und ausgehärtet. Stammt das für den Druck verwendete Linoleum aus dem Fußbodenbedarf, ist es oft versiegelt. Diese Schutzschicht muss vor dem künstlerischen Bearbeiten mit Spiritus oder Scheuermilch entfernt werden.

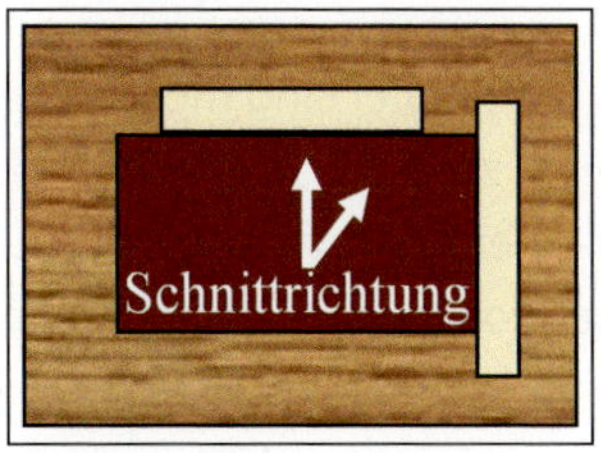

Hilfsvorrichtung

Hohleisen

Geißfuß

1. Vorbereitung

Zum Zuschneiden einer Platte wird die Oberseite des Linoleums mit einem Cutter angeschnitten und die Platte dann zur Juteseite hin gebrochen. Das Jutematerial muss mit einer Schere durchtrennt werden.

2. Übertragen des Entwurfs

Die Entwurfszeichnung muss spiegelverkehrt auf den Druckstock übertragen werden. Am einfachsten klappt das, wenn der Entwurf mit einem sehr weichen Bleistift kräftig nachgezeichnet wird. Dieses Blatt wird nun mit der Zeichnung nach unten auf die Linolplatte gelegt und mit einem harten Gegenstand (z. B. einem Löffel) abgerieben. Der Grafit des Bleistiftes überträgt sich auf den Druckstock.

3. Schneiden des Druckstocks

Beim Ausschneiden der Oberfläche wird bis knapp vor die Juteschicht geschnitten. Eine Hilfsvorrichtung aus einer Grundplatte mit zwei Anschlägen vermeidet Verletzungen.
Je nach Werkzeug ergeben sich unterschiedliche Schnitte:

- Mit dem Hohleisen lassen sich Flächen schnell ausräumen.
- Der Geißfuß schneidet dünne Bahnen.
- Mit dem Konturmesser lassen sich Konturen zunächst vorschneiden, sodass beim Ausräumen scharfe Kanten entstehen.

Wie du beim Aufbau der Druckstraße vorgehst, findest du unter dem Stichwort ➡ **Drucken**.

Luftperspektive

Wenn wir in die Ferne schauen, sehen die Dinge nicht nur kleiner aus, sondern sie wirken auch heller und verlieren an Detailgenauigkeit. Schuld daran sind die vielen Schwebepartikel in der Luft, die zwischen den Gegenständen und unseren Augen liegen und Licht reflektieren. Im Nebel ist das ganz besonders gut sichtbar.
In der Kunst kann man das Phänomen nachahmen, indem man die Dinge im Vordergrund dunkler gestaltet als die im Hintergrund. Dadurch wird die Illusion eines tiefen Raumes auf dem flächigen Malgrund geschaffen. Die Luftperspektive ist oft mit der ➡ **Farbperspektive** verbunden.

Malerei

Als Malerei werden Bilder bezeichnet, bei denen Farbe mit Pinsel, Spachtel, durch Auftropfen usw. auf einen Malgrund aufgetragen wird. Malerei ist überwiegend flächig und nicht linear wie eine Zeichnung.

Mischtechnik

Künstlerische Techniken wie Malerei, Zeichnung, Plastik und Fotografie haben sich über Jahrhunderte entwickelt. Verschiedene Techniken zu mischen kann sehr reizvoll sein.

Monumental

Ein Monument ist ein Denkmal. Denkmäler sind meistens groß und müssen auch aus einiger Entfernung gut zu erkennen sein. Daraus haben sich Gestaltungsmerkmale entwickelt, die man monumental nennt. Dazu gehören eine gewisse Größe, das Erheben des Monuments auf einen Sockel, sodass der Betrachter es aus der Untersicht sieht, starke Gesten und Mimik bei Personendarstellungen, eine relativ glatte Oberfläche ohne kleine Details, die aus der Entfernung nicht wahrnehmbar wären, klare und vereinfachte Formen.

Motiv

Das Wort leitet sich vom lateinischen „motus“ ab, was so viel wie „Antrieb“ oder „Bewegung“ bedeutet. In der Kunst ist mit Motiv also das gemeint, was den Künstler angetrieben oder bewegt hat, sein Werk zu gestalten.
In der Regel ist das in den dargestellten Objekten ausgedrückt – man könnte also auch „Thema“ oder „Inhalt“ sagen. Genau betrachtet haben aber viele Bilder unterschiedliche Bedeutungsebenen. So zeigt ein Stillleben oberflächlich betrachtet z. B. eine Schale mit

reifem Obst (Bildthema). Eigentlich möchte der Künstler aber die Vergänglichkeit des Lebens darstellen, was dann das eigentliche Bildmotiv ist.
Diese Bedeutungsebenen finden sich in vielen künstlerischen Disziplinen, z. B. in Gedichten.

Narration

Im Lateinischen hieß eine Erzählung „narratio". Wenn Kunst eine Geschichte wiedergibt, wird von narrativer Kunst gesprochen. Das muss nicht so sein, viele Bilder erzählen nichts, sie sind reine Form oder Farbe.

Op Art

Die Op Art beschäftigt sich mit der Art und Weise, wie wir sehen. Oft zeigt sie uns das über verblüffende Effekte, die uns eine sichtbare Bewegung vortäuschen, wo keine ist, oder ein Flimmern, wo wir eigentlich fest aufgetragene Farbe sehen.

Optische Farbmischung

Was wir als Farben sehen, ist eine Mischung aus Licht bestimmter Wellenlängen. Unser Auge nimmt das Licht auf und gibt die Informationen an das Gehirn weiter. Das setzt die Daten des Auges in das um, was wir als Farben kennen. Nimmt unser Auge überwiegend kurzwelliges Licht auf, so sehen wir Blau. Eine Mischung aus kurzwelligem und mittelwelligem Licht nennen wir Cyan (Türkis).
Sehen wir viele kleine Farbpunkte nebeneinander, so kann unser Auge sie nicht mehr unterscheiden. In diesem Fall geben die Sehnerven einen Mittelwert aus den aufgenommenen Wellenlängen weiter. Das heißt, zwei getrennte Farbtöne werden im Auge zu einem neuen Farbton gemischt. Diese optische Farbmischung führt zu lebendigen, flimmernden Farbflächen, da schon kleinste Licht- oder Positionsänderungen zu einer neuen Interpretation der Farbwahrnehmung führen.

Optische Täuschung

Eine optische Täuschung ist eine Wahrnehmungstäuschung, die darin besteht, dass unser Gehirn eine Information des Auges falsch deutet.

Optisches Gewicht

Körper haben ein Gewicht, das man auf einer Waage tatsächlich wiegen kann. In einem Bild gibt es diese realen Gewichte nicht. So kann der Himmel aus derselben Farbe gemalt sein wie ein eiserner Amboss.
Trotzdem empfinden wir bei der Betrachtung eines Bildes Gewichte. Diese rühren aber nicht von den Materialien her, sondern von der Interpretation unserer optischen Wahrnehmung: Helles verbinden wir mit Leichtem, Dunkles mit Schwerem. Auch die Größe der Formen verbinden wir mit einem entsprechenden Gewicht. Das optische Gewicht von Bildflächen spielt in der ➡ **Komposition** eines Bildes eine große Rolle.

Parabel

Eine Parabel ist eine Erzählung, die zwei Verständnisebenen enthält. Wie bei einer mathematischen Parabel stehen die beiden Ebenen symmetrisch zueinander: Was auf der einen Seite abgebildet ist, hat eine Entsprechung mit tieferer Bedeutung. Fabeln sind typische Beispiele dafür.

Parallelperspektive

Siehe ➡ **Perspektive**.

Perspektive

Als perspektivische Darstellung bezeichnet man die Vortäuschung einer Räumlichkeit auf einer ebenen Bildfläche. Dabei werden alle Linien, die in die Tiefe des Raumes verlaufen, schräg und verkürzt gezeichnet.
Je weiter ein Objekt von uns entfernt ist, desto kleiner sehen wir es. Das wussten die Künstler bereits in der Antike und setzten es in Kunstwerken um.
Im Mittelalter spielte perspektivische Darstellung eine untergeordnete Rolle. Man setzte die Bedeutungsperspektive ein, bei der die dargestellte Größe einer Person von ihrer Bedeutung abhängt, nicht von ihrer Position im Raum. Räumlichkeit wurde durch die Parallelperspektive dargestellt.
Erst in der Renaissance, ab etwa 1430, untersuchte man die Gesetzmäßigkeiten des perspektivischen Sehens wissenschaftlich genau. Man entdeckte die Fluchtpunktperspektive, bei der sich alle in die Tiefe verlaufenden Linien in einem Fluchtpunkt schneiden.
Aus eigener Erfahrung weißt du, dass wir die Dinge, die weit im Hintergrund liegen, kleiner sehen. Das gilt auch für Abstände. Beim Bahngleis z. B. verlaufen die Schienen natürlich immer parallel zueinander. Wenn wir den Schienenstrang entlangsehen, scheint der Abstand aber immer kleiner zu werden, bis die beiden Schienen sich schließlich berühren. In der Konstruktion, mit der man diesen Seh-Eindruck auf eine Fläche übertragen kann, nennt man diesen Punkt „Fluchtpunkt“, die gesamte Konstruktionsweise entsprechend Fluchtpunktperspektive. Der Fluchtpunkt liegt auf einer waagerechten Linie genau in Augenhöhe des Betrachters. Diese Linie nennt man Horizont. Liegt der Fluchtpunkt im Zentrum des Bildes, spricht man von einer Zentralperspektive. Da der Raum dreidimensional ist, sehen wir alle Gegenstände mit drei Fluchtpunkten.
Zu den Begriffen Frosch- und Vogelperspektive siehe ➡ **Ansicht**.

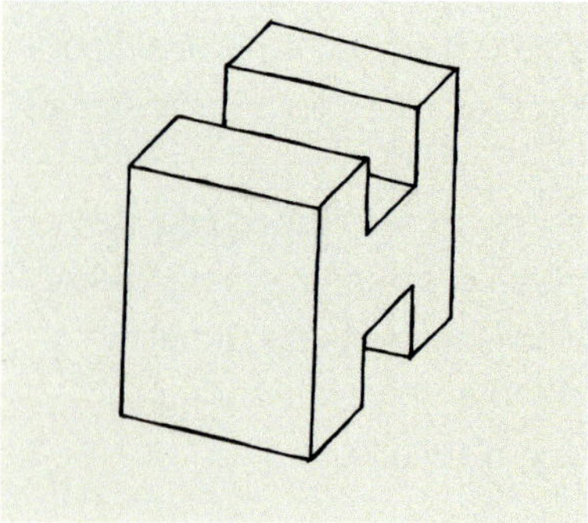

Parallelperspektive

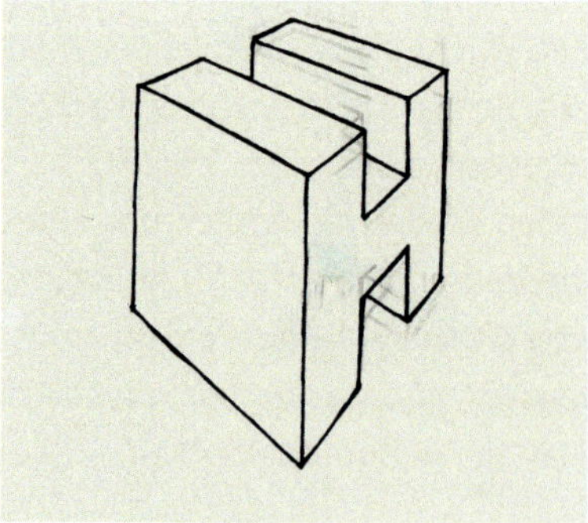

Fluchtpunktperspektive
mit 2 Fluchtpunkten (links, rechts)

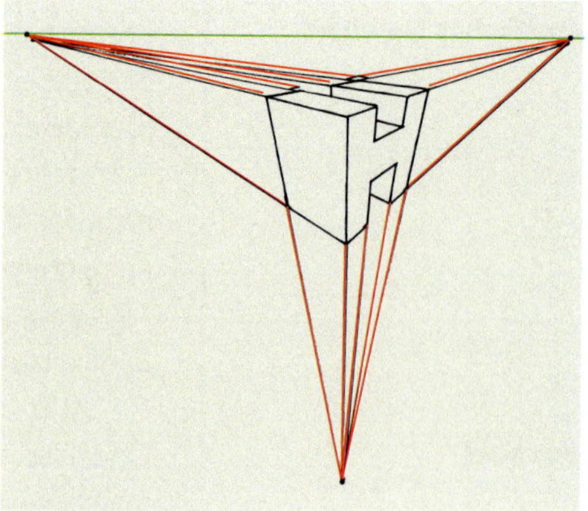

Fluchtpunktperspektive
mit 3 Fluchtpunkten (links, rechts, unten)

Pieces gemeinsam planen und ausführen

Schritt 1 (Gruppe): Ideenfindung
Einigt euch auf einen Spruch, den ihr verwirklichen wollt.
Schritt 2 (Einzelarbeit): Ausarbeitung des Schriftzuges

Der Schriftzug wird geschrieben, die Buchstaben werden so lange angeordnet, bis sie gut zusammenpassen. Tipp: Dünn zeichnen, Radiergummi nutzen. Damit die Buchstaben später ein *Fill In* bekommen können, müssen *Outlines* gezogen werden. Die Schrift soll einen *Style* haben. Die Buchstaben bekommen typische Formen und werden miteinander verschlungen.

Schritt 3 (Gruppe): Diskussion
Besprecht die einzelnen Vorschläge. Was ist gelungen, was könnte verbessert werden?
Schritt 4 (Einzelarbeit): Überarbeitung
Überzeugende Verbesserungsvorschläge werden in die Skizzen eingearbeitet, bis das *Piece* perfekt aussieht.
Schritt 5 (Einzelarbeit): Farbgestaltung

Damit du beim *Fill In* ohne Angst, etwas zu zerstören, arbeiten kannst, solltest du vor dem Ausmalen Kopien der Umrisszeichnung machen. Arbeite mit großen Kopien, damit das Ausmalen leichter geht. Am besten geeignet sind Copic-Filzstifte. Sie haben eine pinselähnliche Spitze, auch größere Flächen kann man mit ihnen streifenfrei ausmalen. Eine preiswerte Alternative sind Farbholzstifte. Lege fest: Welche Grundfarben soll das *Piece* bekommen? Möchtest du harte oder fließende Farbübergänge?
Mit ➡ **Farbkontrasten** kannst du die Buchstaben hervorheben. Das ist besonders bei Überschneidungen wichtig. Experimentiere mit verschiedenen Farbwirkungen.
Der *Background* muss sich gut vom Schriftzug abheben. Hier musst du unbedingt mit deutlichen Kontrasten arbeiten.

Schritt 6: Effekte
Die *Outlines* werden mit einer Farbe gezogen, die sich deutlich von den Buchstaben abhebt. In der Regel ist dazu Schwarz am besten geeignet. Auf den Schattenseiten werden die Linien dicker gezogen (*Blocks*). Lichtreflexe (*Highlights*) werden auf der gegenüberliegenden Seite eingezeichnet.

Ein *Piece* ausführen

Der Höhepunkt ist, das *Piece* groß auf eine Wand zu malen oder zu sprayen. Wenn gesprayt werden soll, muss normalerweise ein Sponsor Geld spenden, da Sprayfarben sehr kostspielig sind. Neben den Spraydosen werden unterschiedliche ***Sprühkappen*** (***Caps***) benötigt: ***Skinny Caps*** (fein), ***Fat Caps*** (breit), ***Soft Caps*** (starkes Vernebeln der Farbe).
Wichtig: Die Farbpigmente sind mit Lösungsmitteln versetzt. Diese Inhaltsstoffe sind giftig, wenn man sie einatmet. Kein Sprayer arbeitet daher ohne Atemschutz!
Eine preiswerte Alternative ist das Malen mit Wandfarbe. Ein Tipp: Ungeübte malen zunächst mit Wandfarbe und Pinsel und sprayen nur die letzten Schritte, also die *Second Outlines* und die *Highlights*.

Schritt 1: *Location* festlegen

Ohne Genehmigung des Besitzers der Wand ist das Sprayen Sachbeschädigung! Holt euch eine schriftliche Genehmigung ein, bevor ihr anfangt.

Schritt 2: Grundieren

Damit der Malgrund nicht so viel Farbe saugt, wird die Wand mit weißer Fassadenfarbe grundiert.

Schritt 3: *First Outlines*

Da das Übertragen sehr schwierig ist, empfiehlt sich am Anfang eine → **Rastervergrößerung** als Hilfstechnik. Die Umrisse der Schrift werden mit heller Farbe aufgetragen (*Skinny caps*, dünne Malerpinsel), damit leicht korrigiert werden kann.

Schritt 4: *Fill In*

Das Innere der Buchstaben wird mit *Fat Caps* oder breitem Malerpinsel ausgefüllt. Weiche Farbverläufe gelingen mit *Soft Caps* oder dem Pinsel. Achtung: Nicht zu viel oder zu dünne Farbe nehmen, sonst läuft sie herunter.

Schritt 5: *Blocks*

Nun werden die Schatten gesetzt. Die Pinsel- oder Capbreite richtet sich nach der gewünschten Blockstärke.

Schritt 6: *Background*

Erst jetzt wird der Hintergrund gestaltet. Läuft Farbe in die Buchstaben, muss sie sofort weggeputzt werden.

Schritt 7: Effekte

Verzierungen oder Linien, die den *Outlines* folgen, werden über den *Background* und die *Fill Ins* gesetzt (*Skinny Caps*, schmale Malerpinsel). Gut wirken einzelne Streifen oder Schraffuren in den *Blocks*.

Schritt 8: *Second Outlines*

Mit dünnen Linien werden die *Outlines* nachgezogen. Ab hier sollten Sprayfarben genommen werden. Für scharfe Kanten wird mit Pappschablonen abgedeckt.

Schritt 9: *Highlights*

Glanzeffekte werden als dünne Linien, Punkte oder Sterne gesetzt.

Schritt 10: *Taggen*
Wie alle Künstler signieren auch *Writer* ihre *Pieces*. Die Gruppe muss ein *Tag* entwickeln und teilt beim *Taggen* mit: Das haben wir gemacht. Zum *Taggen* können breite Eddings genommen werden.

Plastik

Die Bezeichnung Plastik ist zum einen ein Oberbegriff für alle Werke der Bildhauerkunst. Man kann den Bereich der Plastik weiter unterteilen:
- Skulpturen sind Bildhauerwerke, bei denen hartes Material wie Stein oder Holz abgetragen wird.
- Plastiken werden aus Materialien geschaffen, die man auftragen, formen oder abtragen kann (Gips, Ton usw.).
- Objekte werden fertig übernommen und relativ unverändert ausgestellt (ready made, objet trouvé) oder ergänzt (Assemblage, Akkumulation).

Plastizität

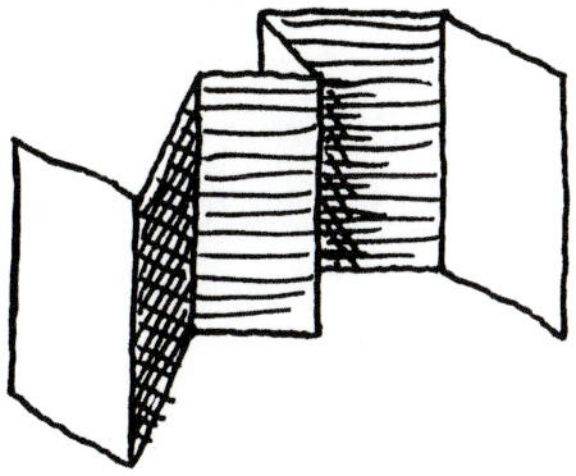

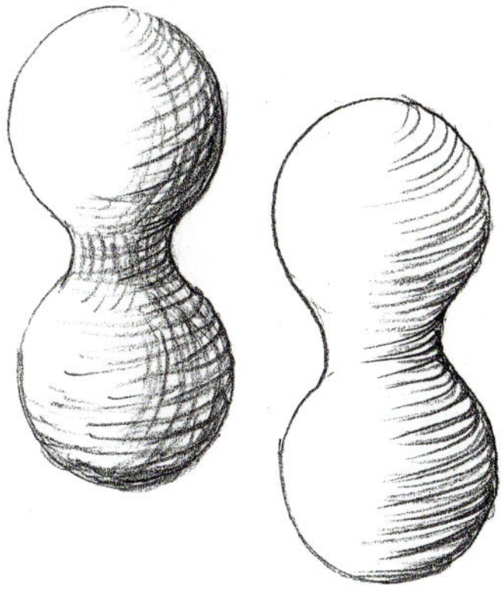

Plastizität bezeichnet die Körperlichkeit einer Darstellung. Durch Schraffieren oder Schummern der Schatten kann in einer flächigen Darstellung (Umrisszeichnung) Räumlichkeit so vorgetäuscht werden, dass wir meinen, einen greifbaren Gegenstand vor uns zu haben.
Die Licht- und Schattenverteilung kannst du an einem einfachen Beispiel üben:
- Zeichne genau übereinander zwei parallele Zickzacklinien und verbinde die Ecken durch senkrechte Linien. Es entsteht eine stehende Plakatwand.
- Bestimme eine Lichtseite. Normalerweise denkt man sich die Lichtquelle links.
- Schraffiere nun die Schattenseiten. Je stärker sie vom Licht abgewandt sind, desto dunkler werden sie. Parallele Seiten bekommen denselben Grauwert.

Bei Rundungen sind die Übergänge fließend. Sehr gut kannst du das mit einem weichen Bleistift üben:
- Zeichne eine Grundform.
- Lege die Lichtseite fest. Zeichne nun Schraffuren auf der Schattenseite (hier: rechts). Fahre dazu entlang der vorgestellten Oberfläche, wie auf den Breitenkreisen eines Globus.
- Verstärke den Effekt, indem du rechtwinklig dazu (hier: den Meridianen folgend) schraffierst.

Für beide Verfahren gilt: Übung macht den Meister!

Pop Art

Eine ab etwa 1950 in England und den USA entwickelte Stilrichtung der Moderne, die sich mit dem Alltag der modernen Industriegesellschaft und den Bildern des Konsums und der Reklame auseinandersetzt, ist die Pop Art. Einfache Gegenstände des Alltags wurden als würdig befunden, sie in einem Kunstwerk darzustellen. Dadurch wollten die Künstler die Trennung zwischen dem Alltag der Menschen und der Kunst überwinden. Ein berühmtes Pop Art-Bild ist das Gemälde einer Suppendose.

Pop ist eine Ableitung des englischen Wortes „popular“, das mit „beliebt“, „volkstümlich“, „bekannt“ übersetzt werden kann. Du kennst das Wort von der Popmusik.

Porenbeton

Porenbeton ist ein künstlich hergestellter Stein aus Sand, Zement und Wasser, bei dem sich durch ein Triebmittel vor dem Aushärten unzählige kleine Gasbläschen bilden. Bekannt ist er unter dem Namen Ytong.
Porenbeton lässt sich mit normalen Holzbearbeitungswerkzeugen leicht bearbeiten: Er lässt sich sägen, feilen und bohren. Mit Meißeln muss vorsichtig gearbeitet werden, damit beim Behauen nicht unkontrolliert Teile ausbrechen. Durch die Porenstruktur brechen dünne, herausragende Formen leicht ab.
Porenbetonblöcke lassen sich mit Fliesenkleber gut kleben. Zur Stabilisierung können vor dem Verkleben in die Blöcke Bohrungen gemacht werden, in die Stangen gesteckt werden.

Porträt

Ein Porträt ist ein Bild, bei dem eine Person, die es in Wirklichkeit gibt, dargestellt wird. Dabei geht es nicht nur um das Äußere der Person – das gibt auch ein Bildnis wieder. Es soll Typisches, Charakteristisches gezeigt werden. Das können Eigenschaften sein, Ansichten, Gefühle oder Hobbys.
Je nachdem, was der Künstler zeigen möchte, kann die porträtierte Person auf den ersten Blick auch nicht erkennbar sein – ein Porträt ist kein Passfoto. Diese Besonderheit zeigt ein Blick auf die Wortgeschichte: Porträt stammt aus dem Lateinischen und bedeutet „hervorziehen“. Der Künstler zieht also etwas zunächst Verborgenes hervor und macht es sichtbar.
Besondere Formen des Porträts:
Das **Gesellschaftsporträt** zeigt über die Darstellung von Personen etwas Typisches einer Gesellschaft. So gibt es Gesellschaftsporträts, die das typische Hofleben des Mittelalters zeigen oder die selbstbewusste Bürgerschaft der Renaissance.
Auch **Berufsporträts** zeigen nicht die individuelle Person, sondern eine für diesen Berufsstand typische (typischer Bauer, typischer Soldat …).
Im **Selbstporträt** zeigt sich der Künstler selbst. Wer ein Selbstporträt „lesen“ kann, erfährt daher viel über das Wesen des Künstlers.

Proportionen

Unter Proportion versteht man das Größenverhältnis zwischen einzelnen Formen. So ist der Körper eines Menschen ungefähr achtmal so groß wie sein Kopf.
Bezogen auf Bilder bezeichnet der Begriff Proportion das Größenverhältnis eines Bildteils zu anderen Bildteilen und zur Gesamtdarstellung.
Wir nehmen im Alltag unbewusst immer auch die Proportionen der uns umgebenden Objekte wahr. Daraus entwickeln wir ein Gefühl für „gute“ Proportionen. Bekanntestes Beispiel ist der „Goldene Schnitt“, der ein Verhältnis zwischen zwei Größen von etwa 1:1,6 bezeichnet.
Der Goldene Schnitt findet sich in den Proportionen des menschlichen Körpers genauso wieder wie in der Gestaltung von Kirchen- und Schlossfassaden oder bei Breitbildfernsehern.

Radierung

Siehe → **Kaltnadelradierung**.

Rahmen

Bilder wirken viel besser, wenn sie gut präsentiert werden. Ein Rahmen verschafft ihnen Luft zum Atmen gegenüber ihrer Umgebung. Eine schnelle Möglichkeit ist, das Bild sauber auf ein Papier zu kleben. Wichtig ist, dass die linken und rechten Seitenränder gleich groß sind. Unten wird ein etwas größerer Rand gelassen als oben.

Rastervergrößerung

Mit einem Hilfsraster kann man eine Bildvorlage ohne Verzerrung nahezu beliebig vergrößern. Dazu wird das Original mit einem Raster überzogen und die Felder des Rasters wie bei einem Schachbrett nummeriert (Bild 1). Anschließend wird ein Raster mit derselben Felderzahl, aber – der gewünschten Größe entsprechend – größeren Feldern auf die Zielfläche gezeichnet. Nun werden die Konturen Feld für Feld übertragen (Bild 2) und ausgemalt.

Bild 1: Original

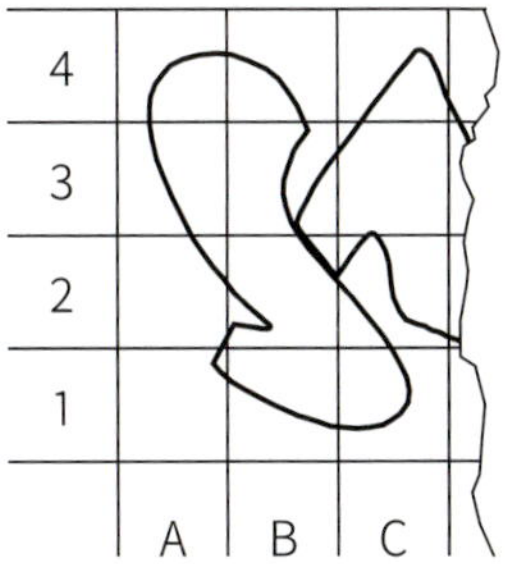

Bild 2: Vergrößertes Raster mit Kontur (Ausschnitt)

Raum

Ein 3-D-Drucker heißt so, weil er in den drei räumlichen Dimensionen drucken kann: Höhe, Breite, Tiefe. Es gibt einen Nahraum, den wir mit Händen ergreifen, und tiefe Räume, die wir in Stunden nicht durchwandern können. Plastik, Land Art und Installationen sind räumliche Disziplinen der Kunst.

Rauminstallation

Siehe → **Installation**.

Relative Größe

Wenn du vom Strand aus ein Foto vom Meer machst, ist ein Schiff in der Ferne kleiner als eines in der Nähe. Das hängt mit unserer perspektivischen Sehweise zusammen.

Relative Höhenlage

Wenn du vom Strand aus ein Foto vom Meer machst, liegt ein Schiff in der Ferne höher im Bild als eines in der Nähe. Auch das hängt mit unserer perspektivischen Sehweise zusammen.

Relief

Der Begriff ist vom lateinischen „relevare“ (= in die Höhe heben) abgeleitet und beschreibt den Zwischenschritt von der Flächenkunst zu einem dreidimensionalen Kunstwerk. Je nachdem, wie stark die Erhebungen aus der Grundfläche ausfallen, spricht man von einem Flachrelief oder einem Hochrelief.
In der Erdkunde bezeichnet der Begriff Relief den Verlauf der Geländeoberfläche.

Renaissance

Der Begriff steht für die Zeitepoche nach dem Mittelalter. Das Mittelalter war sehr vom Glauben bestimmt. Das irdische Leben galt als unwert, die Menschen orientierten sich auf das Leben nach dem Tod. Die Kirche gab ihnen die notwendigen Leitlinien an die Hand, um in den Himmel zu gelangen.
In der Renaissance änderte sich das grundlegend: Die Menschen entdeckten ihre eigenen Fähigkeiten wieder, verstanden sich nicht mehr nur als Sünder, sondern als Abbild Gottes. Das diesseitige Leben wurde für sie wieder wichtig, daher stellten sie es möglichst exakt so dar, wie sie es vorfanden. Da ähnliche Darstellungsformen schon in der Antike vorherrschten, bewunderten die Menschen der Renaissance deren Kunstwerke. Daher hat diese Epoche ihren Namen: Wiedergeburt (französisch: renaissance) der Antike.

Rollage

Eine Rollage ist eine Collage, bei der gleiche Ausschnitte eines Bildes so montiert werden, dass das Ausgangsbild gedehnt und in Abschnitten wiederholt erscheint.
So gehst du vor:
Schneide zwei oder mehrere Bilder in Streifen. Füge sie willkürlich oder nach einer Regel zusammen. Regeln können sein: 1-1'-1'', 2-2'-2'', 3-3'-3'', ◇ 1-2, 1'-2', 3-4, 3'-4' ◇ 1-2-1' -3-2'-4-3'. Du kannst auch Streifen verkehrtherum einfügen und vieles mehr.
Tipps: Schneide gleichmäßig und sauber, dann wird das Zusammenfügen einfacher. Hilfslinien sieht man hinterher. Schneide lieber Schablonen zurecht, an denen du die Streifen anlegen kannst. Klebe die Streifen erst auf, wenn du die Wirkung überprüft hast.

Schraffur

Unter Schraffur versteht man die sich oft wiederholenden Linien innerhalb einer Fläche. In der Regel dient die Schraffur der Angabe des Schattens in einer Zeichnung. Sie kann aber auch dazu dienen, ein Relief vorzutäuschen oder Grauwerte zu erzeugen.

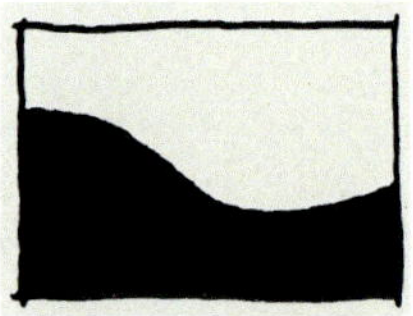
ohne Grauwerte

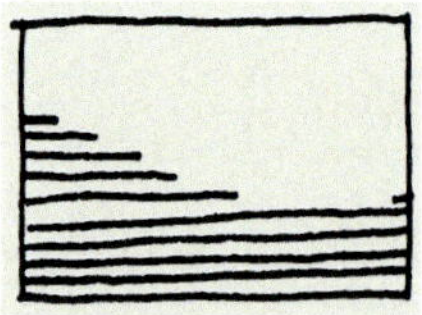
Parallelschraffur

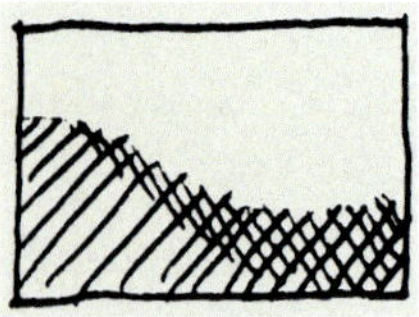
Kreuzschraffur

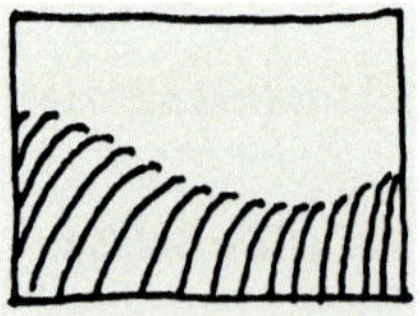
eine der Oberfläche folgende Schraffur

Siebdruckverfahren

Das Siebdruckverfahren arbeitet mit einem feinen Sieb, das auf einen Rahmen aufgespannt wird. In diesem Sieb werden alle Poren, durch die nicht gedruckt werden soll, verschlossen. Dann legt man das Sieb auf die zu bedruckende Fläche, gießt Farbe darauf und reibt sie mit einem besonderen Spachtel durch die offenen Poren auf das darunter liegende Material durch. Mit Siebdruck lassen sich T-Shirts gut bedrucken.

Simultaneität

Der Begriff „simultan" bedeutet „gleichzeitig". In der Realität geschehen viele Dinge gleichzeitig, wir können aber nicht alles gleichzeitig wahrnehmen, z. B. weil wir nicht an zwei Orten gleichzeitig sein können.

In der Kunst kann man diese Gleichzeitigkeit sowohl zeitlich als auch räumlich herstellen: Man kann ein Motiv von mehreren Seiten gleichzeitig malen (z. B. im Kubismus), obwohl man in der Realität die Ansichten nur nacheinander sehen kann. Man kann ganze Abläufe simultan darstellen, obwohl ihre einzelnen Situationen lange Zeitspannen umfassen (z. B. biblia pauperum).

Simultanperspektive

Ein Simultandolmetscher übersetzt gleichzeitig, während er noch zuhört. In einer Simultanperspektive werden verschiedene Ansichten gleichzeitig dargestellt. Mit einer Fotografie ginge das nicht.

Soziale Plastik

Der Gedanke, dass Kunst genauso Gesellschaft beeinflussen kann, wie sie durch Gesellschaft beeinflusst wird, ist sehr alt. Der Künstler Joseph Beuys sah als eine wichtige Aufgabe der Kunst, diese Zusammenhänge hervorzuheben. Seine Aktionen sollten sozial wirksam sein, er nannte das „soziale Plastik".

Stadtplanung

Städte wachsen nicht wie Bäume, sondern nach dem Willen von Menschen. Es gibt unvorstellbar viele Vorschriften und Verbote, die ein zufälliges Wachstum verhindern. Ist das schlecht? Nein, wir wollen doch nicht neben einer Autobahn wohnen. Ist das gut? Nicht immer, denn Stadtplanung ist Politik, und wer die Macht hat, kann auch entscheiden. Im Barock z. B. wurde die ganze Stadt auf den König ausgerichtet – nicht sehr wertschätzend für alle anderen Menschen.

Stillleben

Ein Stillleben ist die Darstellung von unbelebten Dingen (der italienische Begriff „natura morta" kann übersetzt werden mit „unbelebte Natur") oder sich nicht bewegenden Tieren. Die ganze Szenerie des Stilllebens ist sorgsam angeordnet. Die Bildgegenstände haben oft eine symbolische Bedeutung.
Man kann Stillleben nach dem dargestellten Bildgegenstand einteilen: Jagdstücke zeigen Jagdbeute und Jägerutensilien, Blumenstücke sorgsam arrangierte Blumensträuße. Eine andere Einteilung hinterfragt das Bildmotiv, also den eigentlichen Anlass für das Kunstwerk: Vanitas-Stillleben haben die sinnlose Eitelkeit der Menschen zum Thema, Memento-mori-Stillleben beschäftigen sich mit der Vergänglichkeit des Lebens.
Moderne Formen des Stilllebens zeigen interessante Form- und Farbbeziehungen, losgelöst von einer inhaltlichen Bedeutung. Seit Beginn des 20. Jahrhunderts werden reale Objekte wie Zeitungsausschnitte oder Stoffe in die Stillleben montiert.

Stilrichtung

Wenn viele Künstlerinnen und Künstler ähnliche Themen bearbeiten oder in einer vergleichbaren Art und Weise arbeiten, fasst man die vielen ähnlichen Stile in einer Stilrichtung zusammen.

Storyboard

Ein Storyboard ist eine gezeichnete Planungshilfe für eine Bildergeschichte oder einen Film. Im Storyboard werden die wichtigsten Bilder der einzelnen Handlungsstränge skizziert.

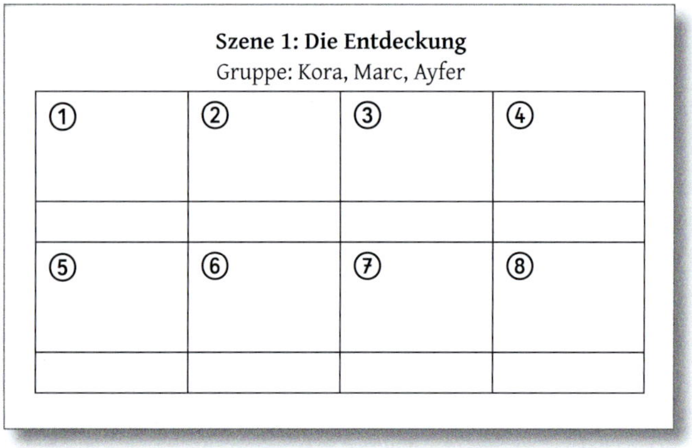

Dazu gehören vor allem das Anfangs- und das Endbild einer Szene, aber auch Bilder mit besonderer Einstellungsgröße. Um schnell arbeiten zu können, wird ein Storyboard skizzenhaft gezeichnet. Menschen können als Strichmännchen dargestellt werden, Gebäude und Hintergrund werden auf das Nötigste vereinfacht. Unter die Bilder können wichtige Regieanweisungen wie Hinweise zur Beleuchtung, zum Ton oder zu wichtigen Requisiten geschrieben werden. Die Einzelbilder des Storyboards werden nummeriert, damit sie sich später beim Fotografieren oder Filmen gut zuordnen lassen.

Strebebogen

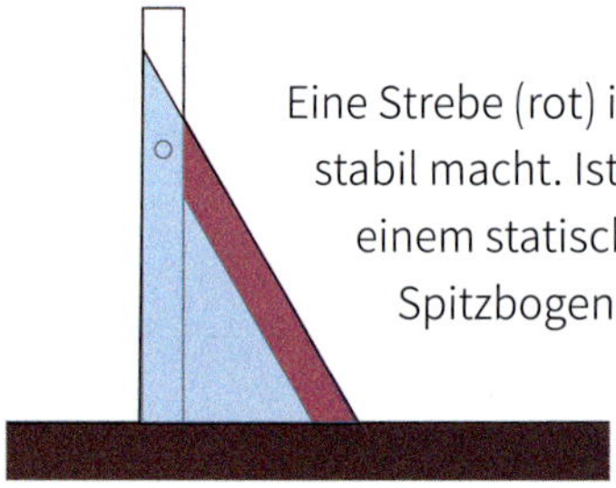

Eine Strebe (rot) ist ein schräg gestellter Stab, der eine senkrechte Stütze stabil macht. Ist die Konstruktion an drei Seiten befestigt, spricht man von einem statischen Dreieck (hellblau). Ist die Strebe als Rund- oder Spitzbogen gemauert, nennt man das einen Strebebogen.

Struktur

Den inneren Aufbau eines Materials nennt man Struktur. Eine gezeichnete Struktur ist also ein Muster, das etwas über die Beschaffenheit eines Materials aussagt. Strukturen werden oft mit ➡ **Texturen** verwechselt.

Subkultur

Siehe ➡ **Kultur**.

Sujet

Sujet heißt Thema, Gegenstand oder Fragestellung. Ein Sujet ist das Thema, mit dem sich ein Kunstwerk beschäftigt. Oft muss es erschlossen werden, es liegt im Verborgenen, unter der Oberfläche. Darin unterscheidet sich das Sujet vom ➡ **Motiv**.

Surrealismus

Manchmal träumt man komische Sachen und weiß gar nicht, was die Ursache dafür ist. Man fliegt, ist unglaublich stark oder tut Dinge, die man sonst nicht kann. In unseren Traumbildern stimmt vieles nicht mit den Bildern aus dem Alltag überein. Unsere geheimen Wünsche und Ängste spielen dabei eine wichtige Rolle.

Für die Traumwelt haben sich die Künstler des Surrealismus interessiert. Surrealismus heißt übersetzt: das „Überwirkliche“. Die surrealistischen Künstler wollten geheimnisvolle und „unvernünftige“ Bilder malen. Dazu mischten sie verschiedene Wirklichkeiten. Beispiele für surrealistische Bilder: eine Eisenbahn, die aus einem Kamin kommt; eine Uhr aus weichem Material, die zerfließt …

Textur

Die Textur ist die fühlbare Oberflächenbeschaffenheit eines Materials. Texturen können gespürt oder auch durch eine Frottage abgerieben werden. Das geht bei ➡ **Strukturen** nicht, mit denen Texturen oft verwechselt werden.

Ton

Ton ist ein sehr alter plastischer Werkstoff. Er kann direkt aus Ton- oder Lehmgruben abgebaut werden und lässt sich sehr leicht verformen. Damit er haltbar ist, muss er bei großer Hitze gebrannt werden.

Tonwerte

Hellgrau, Mittelgrau und Dunkelgrau sind Tonwerte von Grau. In der Wirklichkeit sehen wir Farben in fließenden Übergängen. Beim Drucken geht das nicht, weil die Farbe durch Düsen oder ein Gitter auf eine Fläche aufgebracht wird. Für jede Teilfläche muss der Künstler sich für einen Tonwert entscheiden.

Tonwerttrennung

Das Ausgangsfoto von Kater Fridolin besteht aus einer Vielzahl an Graustufen. Ein reizvolles grafisches Verfahren ist die Tonwerttrennung, bei der Zwischentöne zu wenigen Tonwerten zusammengefasst werden.

2 Tonwerte | 3 Tonwerte | 4 Tonwerte | 5 Tonwerte

Bei zwei Tonwerten muss für jeden Grauwert festgelegt werden, ob er schwarz oder weiß werden soll. Bei drei Tonwerten kommt ein Mittelgrau dazu usw.
Hochdruckverfahren arbeiten normalerweise mit zwei Tonwerten: Druckfarbe und Untergrund.
Man kann eine Tonwerttrennung aber auch malerisch lösen. Hier findest du eine Anleitung für ein Bild mit drei Tonwerten:

Planung:
Nimm als Grundlage die Kopie eines Bildes. Fotografierst du selbst, beleuchte so, dass das Motiv einen Schlagschatten hat.
Entscheide dich für eine Farbabstufung: *schwarz – grau – weiß* oder *rot – orange – gelb* …
Wichtig ist, dass sich die drei Farbstufen deutlich voneinander unterscheiden.
Arbeite mit Pastellkreiden oder Acrylfarben – sie decken gut und lassen sich genau auftragen.
Farbe 1:
Drehe die Kopie auf den Kopf. So wird verhindert, dass du automatisch Dinge malst, ohne genau zu schauen, wo es heller oder dunkler sein sollte. Male alle dunklen Bereiche sauber mit der dunkelsten Farbe aus. Fasse Farbverläufe mit ähnlichen Tonwerten zu Flächen zusammen.
Farbe 2:
Male alle Bereiche mit mittleren Helligkeitswerten in der mittleren Farbe an. Lasse nur die ganz weißen Bereiche und Glanzstellen übrig.
Farbe 3:
Übermale die hellsten Stellen mit der leuchtendsten oder hellsten Farbe.
Variante:
Arbeitest du auf farbigem Papier, so bildet der Malgrund den Mittelton, mit den Farben müssen nur die Schattenbereiche und die Lichter gemalt werden.

Vanitas-Symbol

„Du siehst, wohin du siehst, nur Eitelkeit auf Erden. Was dieser heute baut, reißt jener morgen ein" – so beginnt ein berühmtes Gedicht des barocken Dichters Andreas Gryphius. Angesichts von Pest und Kriegen in einer Zeit, in der nur wenige Menschen älter als 50 Jahre wurden, beschäftigte sich die Kunst natürlich auch mit dem Tod.
Neben der direkten Darstellung von Tod und Leid finden sich viele Symbole, die auf die Vergänglichkeit des irdischen Lebens verweisen. „Leerer Schein" oder „Eitelkeit" heißt im Lateinischen „vanitas".
Typische Vanitas-Symbole sind Totenschädel (alle Schönheit ist abgefallen), Spiegel (das Sichtbare ist nur ein Trugbild, nur Eitle schauen in den Spiegel), leere Gläser (nichts bleibt übrig vom irdischen Leben), Sanduhr und Kerze (die Lebenszeit verrinnt), leere Schneckenhäuser (nur Hüllen bleiben übrig, die Schnecke ist ein Symbol für die Sünde der Trägheit), Edelsteine (Schmuck ist für den Verhungernden wertloser als ein Kanten Brot), Fliegen und Käfer (Insekten ernähren sich von Verwesendem und haben selbst ein kurzes Leben), reifes Obst (heute gerade noch essbar, morgen schon verdorben), Papagei (er ist überaus wertvoll, plappert aber ohne Verständnis alles nach), Nelke (ihre nagelförmigen Samen erinnern an das Leid Christi am Kreuz), Mäuse oder Ratten (sie sind unreine Tiere, die Krankheiten übertragen).
In Vanitas-Stillleben wird die Vergänglichkeit zum Bildmotiv gemacht.

Eingeordnet

Epoche		Mittelalter (500 n. Chr. – 1450 n. Chr.)
Gesellschaft		Die Gesellschaft ist streng unterteilt in die Stände des Klerus, des Adels, der Bürger und der Bauern. Die Wirklichkeit wird nicht nach naturwissenschaftlichen Gesetzen erklärt, sondern nach der Bibel. Das irdische Leben wird als unvollkommen und sündig angesehen. Wer nach den Grundsätzen der Religion lebt, kann der ewigen Verdammnis der Hölle entgehen und im Himmel Erlösung bekommen.
Hauptthemen der Kunst		– Szenen aus der Bibel – das Leben von Heiligen – das Leben an den Adelshöfen 
Stilmerkmale	Architektur	– Romanik (frühes Mittelalter): klare geometrische Grundformen (Quadrat, Rechteck, Kreis, Halbkreis, Achteck) finden sich im Grundriss und in der Fassade, mächtige Mauern – Gotik: aufwärtsstrebende Formen, große Glasfenster, Stützstreben, Maßwerk 
	Malerei/Grafik	– vereinfachte Darstellung der Realität – Personen (Gesichter, Kleidung), Natur, Gebäude sind nicht individuell erkennbar dargestellt, sondern symbolhaft – Bildhintergrund ist flach (z. B. goldfarben), keine oder geringe Raumtiefe – Bedeutungsperspektive – Wandmalereien, Altarbilder, Buchmalerei, Glasmalerei 
	Plastik	– starr stehende Figuren – nur von der Vorderseite interessante Ansicht – stark vereinfachte Formen – Gotik: Gesichter mit starkem Gefühlsausdruck – Riemenschneider, Stoß 

Mit zunehmendem Einfluss reicher Bürger verliert die religiöse Weltsicht an Einfluss. Die Ständegesellschaft wird durchlässiger. Die wissenschaftliche Erforschung der Welt beginnt.

Daniel Spoerri:
Restaurant Spoerri,
2002 (Ø 150 cm),
siehe S. 22

Schritt 2: Ich sehe einen Tisch von oben mit Geschirr, Essensresten und vielen verschiedenen Dingen wie Dominosteine, Spielkarten, eine Faust, eine Ente und ein Ei, Konfetti. Es sieht aus, als ob Leute zusammen gegessen und gespielt und danach den Tisch verlassen hätten.
Der Titel gibt den Hinweis, dass der Künstler ein Restaurant betreibt. Ich habe gelesen, Daniel Spoerri sei fasziniert vom Thema Essen. Er eröffnete tatsächlich ein Museumsrestaurant und feierte dort oft mit Freunden.

Schritt 3: Das Kunstwerk hängt an der Wand. All die Gegenstände muss Spoerri festgeklebt haben.
Es überwiegen Blau-, Weiß- und Brauntöne. Die Teller und Gläser sind im Kreis angeordnet, links ist ein Zentrum mit Karten, oben eines mit Gegenständen, die geheimnisvoll wirken. Die zwei Teller links oben stehen enger beieinander. Vielleicht saß hier ein Liebespärchen? Das Besteck auf den Tellern liegt so, dass es die Kreisform unterstützt.
Die runde Form und die Farben des Tischtuchs und der Gegenstände lassen die Tafel aussehen wie einen Planeten.
Das Kunstwerk ist eine Anhäufung von Realobjekten, eine Assemblage. Spoerri holt die Wirklichkeit in sein Kunstwerk. Es ist jetzt über 15 Jahre alt. Ob die Essensreste nicht schimmeln?
Die Stilrichtung um die Jahrtausendwende, in der Kunst direkt mit der Wirklichkeit arbeitet, heißt „Neuer Realismus“.

Schritt 4: Das wird eine lustige Runde gewesen sein. Es wurde gegessen, gespielt, gelacht. Menschen erleben oft gerade beim Essen Gemeinschaft und Freundschaft. Im Jahr 2002 keine Selbstverständlichkeit, wo so viele aus der Mikrowelle leben. Spoerri setzt dem isolierten Essen aus der Mikrowelle eine Welt des bunten, fröhlichen Beieinanderseins entgegen. Der Tisch sieht ja wirklich ein bisschen wie eine Welt aus.
Dass er mit realen Gegenständen arbeitet, verstärkt das Gefühl, dass es in diesem Kunstwerk um die Auseinandersetzung mit der Wirklichkeit geht.

Kunstbetrachtung

Künstler übersetzen Erlebnisse, Gefühle oder wichtige Gedanken in Bilder. Beim Betrachten eines Kunstwerkes musst du dich auf die Suche danach machen. Wenn du erfolgreich bist, hast du das Kunstwerk ein zweites Mal entstehen lassen.

Schritt 1: Das Bild wirken lassen
Schau dir das Bild genau an, in aller Ruhe. Nimm deine innere Stimme ernst: Löst es ein bestimmtes Gefühl bei dir aus? Gibt es Stellen, die dir besonders gefallen? Stört dich etwas?

Schritt 2: Den Inhalt untersuchen
Was ist dargestellt: Personen, Natur, Dinge? Oder reine Farben, Linien, Flächen, Licht? Erkennst du eine bekannte Geschichte, die das Bild erzählt? Dann lies nach und überprüfe, welche Szene der Geschichte dargestellt wurde.
Oft gibt der Titel einen Hinweis, was es im Bild zu entdecken gibt.
Kommst du auf diesen Wegen nicht weiter, musst du dich informieren: Gibt es ähnliche Kunstwerke des Künstlers? In welcher Zeit lebte er? Welche Themen waren da wichtig? In welche Stilrichtung wird er eingeordnet? Worum ging es da?

Schritt 3: Die Machart untersuchen
Hier bist du als Detektiv gefragt: Gibt es Farben, die vorherrschen? Welche Bereiche sind durch Helligkeit oder Dunkelheit hervorgehoben?
Oft führen Linien auf eine wichtige Stelle des Bildes hin. Solche Linien können Kanten von Gegenständen oder Gebäuden sein, Arme von Menschen, die in eine bestimmte Richtung zeigen, Wege oder Bachläufe.

Schritt 4: Das Bild übersetzen
Wenn du das Bild gründlich bearbeitet hast, dann findest du Übereinstimmungen zwischen deinen Gefühlen beim Betrachten, dem Inhalt des Bildes und seiner Machart.

Verfremdung

Irgendetwas stimmt da nicht! Wenn dieses Zweifeln beim Betrachten eines Kunstwerkes entsteht, ist das Prinzip der Verfremdung nicht weit. Es erzielt seine Wirkung dadurch, dass etwas aus seiner normalen Umgebung herausgeholt und in einen neuen Zusammenhang gestellt wird.
Ein Beispiel: Weiche, wie in der Sonne zerfließende Uhren sind nicht nur eine schrille Bildidee, sondern regen zum Nachdenken an. Eine Uhr ist etwas Hartes – nicht nur, dass sie aus Metall ist, sondern auch ihr Sekundentakt ist hart und unerbittlich. Oder gibt es nicht doch etwas Fließendes an der Zeit? Vergeht der Tag vor dem Geburtstag nicht viel langsamer als der Geburtstag selbst?
Kunst soll zur Auseinandersetzung anregen. Nur wenn sie das erreicht, ist eine Verfremdung nicht nur ein witziger Effekt, sondern Teil des Kunstwerkes.

Vernissage

Kunstausstellungen werden in aller Regel feierlich mit einer Vernissage eröffnet: mit einer erklärenden Rede, mit Musik und einem leckeren Büfett.

Vollplastik

Bei einer Vollplastik möchte der Künstler erreichen, dass man beim Betrachten um die Plastik herumgeht und sie dabei immer neue Ansichten preisgibt.

Zeichnung

Eine Zeichnung ist ein Bild aus Linien. Sie hat einen anderen Charakter als ein Gemälde, das im Wesentlichen aus Farbflächen besteht. Was ist dann aber ein Gemälde, in dem lauter linienförmigen Pinselstriche nebeneinanderliegen wie bei Vincent van Gogh oder Jackson Pollock?

Zentralperspektive

Die Zentralperspektive ist eine perspektivische Darstellung mit einem Fluchtpunkt.
Siehe ➡ **Perspektive**.

Zweckfreiheit

Kunst muss nicht schön sein oder Macht verkörpern oder den Verkauf einer Ware fördern. Kunst ist Selbstzweck, wird oft gesagt, und im deutschen Grundgesetz, Artikel 5, steht: „Kunst und Wissenschaft, Forschung und Lehre sind frei."

Beginnende Neuzeit (1400 n. Chr. – 1600 n. Chr.)

Die Welt gilt nicht mehr als sündig, sondern wird als Werk Gottes verehrt und erforscht. Das zeigt sich an den Entdeckungen der Seefahrt (Kolumbus, Vasco da Gama) und an den zahlreichen Erfindungen, die in dieser Zeit gemacht werden. Einige Bürgerfamilien (Fugger, Medici) verdienen mit dem Handel von Waren so viel Geld, dass sie ein luxuriöses Leben führen können. Sie werden wichtige Auftraggeber von Kunstwerken.
Die Kunst entdeckt die Werke der Antike neu. Aus der Rückbesinnung auf eine zweitausendjährige Tradition hat diese Epoche die Bezeichnung Renaissance (franz. für „Wiedergeburt") erhalten. Zum ersten Mal treten Künstler nicht nur als Auftragsmaler, sondern als beeindruckende Persönlichkeiten in Erscheinung.

- Szenen aus der Bibel
- das Leben an den Adelshöfen
- Geschichten der antiken Sagenwelt
- Darstellung individueller Personen, Selbstporträts

- gleichmäßige Reihung von Formen (Fenster, Schmuckformen)
- nicht mehr vertikale Anordnung der Formen, sondern horizontale
- verzierte Fassaden
- Kuppelbau als Rückgriff auf die Antike
- Proportionen der Bauwerke richten sich nach den Proportionen des menschlichen Körpers
- Bramante, Brunelleschi, Leonardo, Michelangelo

- sehr genaue Darstellung der sichtbaren Wirklichkeit
- Zentralperspektive
- Landschaften mit großer Raumtiefe (Luftperspektive)
- Bosch, Botticelli, da Vinci, Della Francesca, Dürer, Fra Angelico, Grünewald, Mantegna, Michelangelo, Raffael, van Eyck

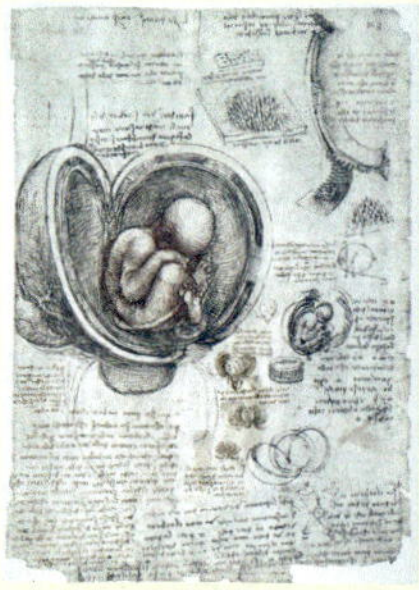

- Figuren in natürlicher, entspannter Haltung (Standbein, Spielbein)
- Freiplastiken, die von allen Seiten neue, interessante Ansichten bieten
- extrem genaue Darstellung bis hin zu einzelnen Muskeln und Adern
- Cellini, di Bologna, Donatello, Michelangelo

Der Adel gewinnt gegenüber den Kirchen an Einfluss. Die Herrscher beuten die Menschen bis zum Hungertod aus. Mit den erzwungenen

arock (1600 n. Chr. – 1800 n. Chr.)

el und Kirchen versuchen, sich mit immer größeren Bauwerken gegenseitig zu übertrumpfen.
e Bauern und viele Bürger müssen den prachtvollen Lebensstil der Herrscher mit bitterer Armut bezahlen. Unzählige
iege und mehrere Pestepedemien rotten ganze Landstriche aus. Der Tod ist allgegenwärtig.
ıneben entwickelt sich eine immer reichere Schicht von Bürgern.
e ersten Lexika entstehen, sie sind ein Ausdruck der voranschreitenden wissenschaftlichen Forschung.

Szenen aus der Bibel
Prachtentfaltung des Klerus und des Adels
antike Sagenwelt
das Leben der einfachen Leute

- die Allgegenwart des Todes
- Stillleben
- Landschaften
- Innenräume

prachtvolle Kirchen und Schlösser
wertvolle Verzierungen aus Marmor, Spiegelsäle, prachtvolle Treppenaufgänge
Kuppelbauten
Asam, Bernini, Neumann

täuschend echte Darstellung der sichtbaren Welt (Porträts, Stillleben, Landschaften)
starker Hell-Dunkel-Kontrast
starker, kraftvoll bewegter Bildaufbau
Betonung der Bilddiagonalen
Caravaggio, El Greco, Rembrandt, Reni, Rubens, Tiepolo, Velázquez, Vermeer

starke Bewegung der Figuren
Betonung der Diagonalen, starke Drehungen in den Figuren
Darstellung dramatischer Gefühle (innere Bewegung)
große Künstlichkeit im Ausdruck, aber auch im verwendeten Material: schwerer Marmor wirkt schwebend leicht, Kunstmarmor erlaubt farblich fein abgestimmte Räume
Bernini, Stoß

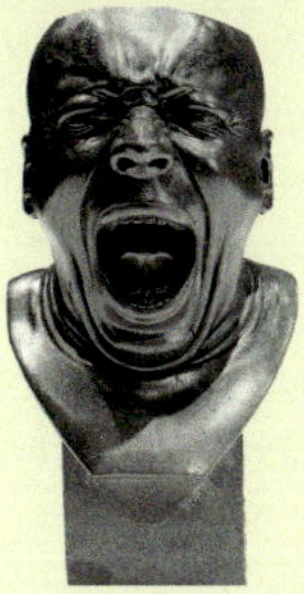

Die Bürger kämpfen gegen die Unterdrückung durch den Adel. Die Französische Revolution (1789 – 1798) beendet die Monarchie in Frankreich. Freiheitsbewegungen in England, Amerika und Deutschland folgen. Die Gesellschaften müssen sich neue Ordnungen geben.

19. Jahrhundert

Mit dem Ende der Vormachtstellung von Adel und Klerus verschwinden auch deren Bildthemen. Künstler bestimmen zunehmend selbst, was sie darstellen wollen. Folgerichtig beginnt eine sehr vielfältige Zeit. Ein einheitlicher Stil kann sich nicht mehr durchsetzen.

Klassizismus

Die Kunst zeigt Helden eines auf Weisheit und Freiheit konzentrierten Lebens. Sie sucht nach feierlichen, pathetischen Themen, bevorzugt auch aus der Antike. Sie setzt sich von der üppigen Darstellung des Barock ab, indem Formen vereinfacht werden. Eine schlichte Schönheit entsteht.
Mit zunehmendem Reichtum der Bürger verändert sich der Klassizismus zum Stil der Repräsentation.
David, Ingres, Tischbein

Romantik

Die Romantik ist eine Grundhaltung des Lebens. Sie blickt tief in die Sehnsüchte der Seele.
Weite, stille Landschaften in der Dämmerung zeigen die Suche nach Weite, Freiheit und Innerlichkeit.
In Familienporträts wird das einfache, ehrliche Leben dargestellt. Die von den Gebrüdern Grimm gesammelten Märchen und Sagen werden illustriert.
Delacroix, Friedrich, Runge

Realismus

Die Wahrheit liegt im Alltag. Die faltigen Hände einer alten Bäuerin erzählen Geschichten über das schwierige Leben der einfachen Leute. Hängt ein Bild schuftender Steinbrucharbeiter im Museum, wird den Bürgern vor Augen geführt, wo ihr Reichtum herkommt.
Courbet, Daumier, Menzel, Leibl

Biedermeier

Das Biedermeier zeigt, wie der Realismus, das einfache Leben. Aber nicht so schonungslos und mit der Lupe, sondern eher idyllisch, mit Liebe zum schönen Detail. Das Biedermeier steht für einen Rückzug aus dem politischen Denken ins Private.
Nur wenigen Biedermeierkünstlern gelang ein ironischer Blick auf diese Idylle.
Spitzweg

Impressionismus

Die Impressionisten wandten sich vom übermächtigen Klassizismus ab. Sie stellten nicht großartige Momente der Weltgeschichte dar. Sie malten keine kunstvoll komponierten Bilder im Atelier, sondern gingen zum Arbeiten bewusst in die Natur, um die lichtdurchflutete Farbigkeit eines kurzen Momentes einfangen zu können.
Der Impressionismus gilt wegen seiner Konzentration auf das Wesen der Kunst als Beginn der modernen Malerei.
Corinth, Liebermann, Manet, Monet, Renoir, Seurat

Weitere Stilrichtungen des 19. Jahrhunderts: Historismus, Symbolismus, Jugendstil, Naive Malerei

Gegen Ende des 19. Jahrhunderts hat sich die Welt grundlegend verändert. Die Städte sind groß, lebendig und chaotisch geworden. Die Arbeitswelt verlagert sich in Fabriken. Eisenbahn und Dampfschifffahrt erlauben den Menschen, um die ganze Welt zu reisen. Von dort

Klassische Moderne

Immer mehr Künstler beschäftigen sich mit der Frage, was das Wesen der Kunst ausmacht. Sie wollen in ihren Bildern keine Geschichten mehr erzählen, sondern unserer Wahrnehmung der sichtbaren Welt, der gesellschaftlichen Umstände und der inneren Welt auf den Grund gehen.

Expressionismus

Die moderne Welt ist laut und schrill geworden. Gefühle sollen mit großem Ausdruck (*expression:* franz. für „Ausdruck") in eine Bildsprache umgesetzt werden. Die Farben werden kräftig, kontrastreich, schrill. Die sichtbare Wirklichkeit wird nur noch zum Anlass der Darstellung genommen, die Formen werden kantig und bewegt.

Kirchner, Macke, Münter, Munch, Nolde

Abstrakte Kunst

Kunst soll keine Illusionen erzeugen, sondern ihre eigene Wirklichkeit erkunden. Diese wird gebildet durch die bildnerischen Elemente Punkt, Linie, Fläche und Farbe.
Einige Künstler der Abstraktion gehen von Erkennbarem aus und vereinfachen es stark, sodass Formen und Farbe besonders wichtig werden (Kandinsky, Klee).
Andere gehen nicht mehr von Gegenständen aus, sondern stellen nur noch Formen und Farben dar (Malewitsch, Mondrian, Nay).

(s. S. 104)

Kubismus

Die Sicht der Welt setzt sich aus vielen Facetten zusammen. Wir sehen einen Gegenstand nicht nur von vorne, sondern bewegen uns um ihn herum. Eine Stadt erleben die Menschen, indem sie in ihr leben und sich dadurch ein vielfältiges Bild von ihr machen. Die Kubisten zeigen diese Vielfalt in zersplitterten Ansichten ihrer Bildgegenstände. Die Collage wird zu einer beliebten Technik.

Braque, Feininger, Marc, Picasso

Surrealismus

Der Psychologe Sigmund Freud erforscht die Träume der Menschen. Er entdeckt darin verborgene Schichten unseres Bewusstseins.
Diese fantastischen Welten können Malerei und Grafik viel besser aufzeigen als die Fotografie, die damals das reine Abbilden der sichtbaren Welt durch Malerei fragwürdig werden ließ.

Dalí, Ernst, Magritte, Oppenheim

Dada

Die Dadaisten sind die radikalsten Künstler ihrer Zeit. Sie provozieren das Galeriepublikum gezielt, um sie zum Nachdenken über Kunst anzuregen. Sie inszenieren Aktionskunst, die so neu ist, dass viele Menschen sie nicht als Kunst erkennen. Sie stellen gefundene Objekte aus, ohne sie künstlerisch stark zu verändern. Damit brechen sie radikal mit den Traditionen der Kunst.

Ball, Duchamps, Ernst, Höch, Schwitters

Weitere Stilrichtungen der Klassischen Moderne: Futurismus, Neue Sachlichkeit

Das „Dritte Reich" wirkt sich verheerend auf die Kunst aus. Die Nazis verfolgen viele Künstler und verbrennen ihre Werke. Viele fliehen nach Frankreich oder Amerika. Im Zweiten Weltkrieg wird ganz Europa in Schutt und Asche gelegt. Über sechs Jahre lang geht es ums Überleben. Kunst spielt gesellschaftlich keine bedeutende Rolle mehr.

Kunst nach 1945

Normalerweise vollzieht sich ein Wandel in der Kunst mit fließenden Übergängen, oft über viele Jahre hin. Wann genau z. B. die Renaissance zu Ende ist, kann niemand genau bestimmen. Anders war das mit der Kunst nach 1945. Der Zweite Weltkrieg war so zerstörerisch und furchtbar, dass viele Künstler nach 1945 einen völligen Neuanfang wagen wollten.
Ihr habt euch bisher mit einzelnen Kunstwerken auseinandergesetzt. Hier seht ihr im Überblick, wie Kunststile sich gegenseitig beeinflussen. Das ist besonders wichtig für die Zeit nach 1945, da viele Stilrichtungen auch als Bestätigung oder Ablehnung der bisherigen Kunst entstanden sind.

Ungegenständliche Kunst

Schon vor 1945 entfernte sich die Kunst teilweise von der illusionistischen Nachahmung der sichtbaren Welt. Die Abstrakte Kunst vereinfachte die bildnerischen Formen, um von der Oberfläche der Gegenstände zu tieferen Wahrheiten vorzudringen. Der Expressionismus drückte durch Farben und Formen Gefühle aus. Der Impressionismus löste Formen auf und zeigte flimmernde Farbflächen.
Nach 1945 gehen die Künstler noch einen Schritt weiter. Sie abstrahieren nicht von bekannten Formen, sondern arbeiten ganz ohne erkennbare Bildgegenstände. Zwei Varianten dieser ungegenständlichen Kunst entstanden:

Handschriftliche Abstraktion

Malerei ist auf die Fläche aufgetragene Farbe, die die Bewegung während des Malens nachvollziehen lässt. Jedes Bild zeigt die Handschrift des Künstlers, aus der sich die Stimmung, in der er das Bild gemalt hat, ablesen lässt. Stilrichtungen der Handschriftlichen Abstraktion sind *Abstrakter Expressionismus, Action Painting, Informel* und *Tachismus*.
de Kooning, Francis, Hartung, Pollock, Schuhmacher, Sonderborg
Nach einigen Jahren schlichen sich wieder Figuren oder Landschaften in die freien Pinselspuren ein. Diese Stilrichtung wird *Neue Figuration* genannt.

Geometrische Abstraktion/Konkrete Kunst

Es werden farbige Flächen ohne jeden Bezug zu einem Gegenstand gemalt. Vorbilder sind vor allem Mondrian und Malewitsch, die Anfang des 20. Jahrhunderts Bilder aus reinen Farbflächen malten. Die Künstler wehrten sich später gegen den Begriff *Geometrische Abstraktion*. Abstrahieren bedeutet, von etwas auszugehen und es so zu vereinfachen, dass es nur noch das Wesentliche enthält. Die Künstler gingen aber nicht von Gegenständen aus und ließen Unwichtiges weg, sondern arbeiteten mit den einzigen konkreten Elementen der Malerei oder der Plastik: mit Formen und Farben. Daher wurde der Name „Konkrete Kunst“ eingeführt. Eine weitere Variante ist die *Chromatische Abstraktion*, die nur noch mit Farbverläufen arbeitet, ohne abgegrenzte Formen.
Albers, Bill, Pfahler, Rückriem

Realismustendenzen

Nach 1945 wurden lange keine Bilder mehr ausgestellt, die Gegenständliches darstellten. Sie wurden als altmodisch verspottet. Kunst soll keine Geschichten erzählen, sondern ihre eigenen Ausdrucksmittel erkunden. Erst ab den 1960er-Jahren wurde Kunst, die sich mit der Realität des Lebens auseinandersetzt, wieder wahrgenommen.

Pop Art

Das moderne Leben ist komplett durch die Zivilisation durchdrungen. Kunst muss sich mit dieser neuen Wirklichkeit auseinandersetzen. Die Künstler thematisieren Alltagsgegenstände, die neuen Oberflächen der industriell hergestellten Dinge, den Einfluss der Druckverfahren der Massen-Printmedien auf unsere Wahrnehmung.
Die Pop Art wollte nicht nur ein gebildetes Publikum erreichen, sondern möglichst alle Menschen.
Johns, Lichtenstein, Rauschenberg, Vostell, Warhol

Nouveau Realisme

Alltagsgegenstände und Materialien werden zu künstlerischen Objekten verarbeitet. Durch massenhafte Anordnung gleicher Dinge (Assemblage) wird der Blick auf ihre Form gelenkt. Dadurch, dass Gegenstände aus ihrer normalen Alltagssituation herausgegriffen und im Museum ausgestellt werden, wird den Betrachtern diese Alltagssituation vor Augen geführt (Ready Made, Objet Trouvé). Die Bezeichnung Nouveau Realisme (französisch: neuer Realismus) in Verbindung mit den Kunstwerken zeigt, was die Künstler von den althergebrachten Realismusströmungen hielten: Nicht viel, weil sie illusionistisch etwas vortäuschten, was es nicht gab.
Arman, Klein, Spoerri, Tinguely

Magischer Realismus

Alltagsgegenstände oder -situationen enthalten Bedeutungen, die man ihnen nicht auf den ersten Blick ansieht. Die Kunst zeigt diese verborgenen Realitäten. Vorläufer war die Neue Sachlichkeit der 1920er-Jahre.
Klapheck, Radziwill

Wahrnehmung

Kunst beschäftigt sich seit ihren Anfängen mit der Wahrnehmung der Wirklichkeit. Nun wird die Wahrnehmung als solche zum Gegenstand der Kunst. Wie nehmen wir den Raum wahr? Wie die Zeit, die Bewegung, das Licht?

Rauminstallation

Durch die Gestaltung kompletter Räume wird die Wahrnehmung einer räumlichen Situation deutlich. Wie wirkt eine Farbe, wenn sie einen ganzen Raum ausfüllt? Wie nehmen wir Leere wahr? Wie fühlen wir uns in einer Galerie, wenn sie so gestaltet wird, dass wir das Gefühl einer offenen Landschaft haben?
Boltanski, Bourgeois, Buren, Schult

Op Art

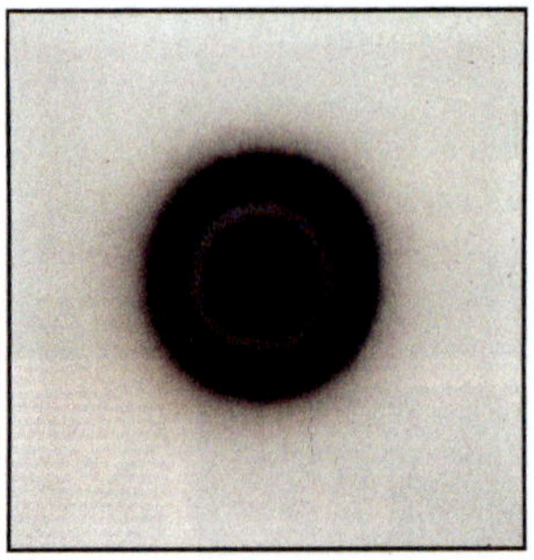

Ohne Licht können wir weder Formen noch Farbe noch Räume sehen. Daher spielt das Licht eine große Rolle in der Op Art. Außerdem ist das, was wir sehen, durch unser Denken verarbeitet. Diese Gesetzmäßigkeiten sollen bewusst gemacht werden.

Riley, Uecker, Vasarely, Piene

Erweiterung des Kunstbegriffs

Kunst ist die Auseinandersetzung eines Künstlers mit der Zeit, in der er lebt. Die sich immer schneller verändernde Welt ab den 1970er-Jahren musste neue Kunstformen hervorbringen.

Aktionskunst

Durch inszenierte Kunstaktionen lassen sich künstlerische Erfahrungen dem Publikum auf ganz neue Weise vermitteln. Je nach Aktion kann die Auseinandersetzung mit zeitlichen Abläufen, politischen Verhältnissen, unseren Lebensumständen usw. angeregt werden. Am Ende von Kunstaktionen stehen keine Kunstwerke in Form von Plastiken oder Gemälden, sondern flüchtige Eindrücke und Erinnerungen. Über Fotos, Filme und Beschreibungen können Aktionen wenigstens zum Teil festgehalten werden.

Beuys, Brock, Ginsberg, Pike

Konzeptkunst

Hinter jedem Kunstwerk steckt eine Idee, die dem Betrachter verdeutlicht werden soll. Hinter jeder Stilrichtung steckt ein Konzept, wie die zugrunde liegenden Ideen möglichst gut umgesetzt werden können. Warum nicht gleich die Ideen und Konzepte zum Thema der Kunst machen? Konzeptkunst stellt zwar oft ein Artefakt – ein künstlich hergestelltes Ding – aus. Trotzdem ist dieses Ding selbst nicht das Kunstwerk, sondern die Idee, die dahintersteckt. Diese muss der Betrachter entdecken.

Beuys, Buren, Duchamp, Kosuth, Ulrichs

Land Art

Kunst mit Natur? Hier werden ganze Landschaften zur Kunst gemacht. Der Künstler greift entweder sanft ein, indem er die Natur poetisch verändert oder ergänzt. Oder er greift hart ein, indem er Formen der Natur mit Bagger und Sprengstoff verändert.

Goldsworthy, Heizer, Long, Smithson, Christo

Register

Die fett gedruckten Begriffe finden sich im Kapitel **Nachgeschlagen**, die fett gedruckten Seitenzahlen verweisen auf ein Kapitel zum entsprechenden Thema.

Künstlerverzeichnis

Bildquellen

|Adrian Piper Research Archive APRA Foundation Berlin, Berlin: 46. |akg-images GmbH, Berlin: 48, 48, 50, 52, 64, 70, 104, 106, 119, 161, 163, 191, 209, 209, 210, 211, 211, 212, 212, 212, 212, 213; Album / Oronoz 131; Album / Walt Disney Pictures 58; De Agostini Picture Lib. / De Vecchi, G. 66; Schütze/Rodemann 209; © 2017 The Andy Warhol Foundation for the Visual Arts, Inc. / Artists Rights Society (ARS), New York 43; © Cy Twombly / Cy Twombly Foundation 165. |alamy images, Abingdon/Oxfordshire: Archivart 107; ART Collection 118; Art Collection 3 77; Art Collection 4 213; FineArt 163; Horree, Peter 31, 211; Roberts, Frances M. 133, 216; shapencolour 209; Tommy [Louth] 93; vkstudio 131; World History Archive 212. |Alex Trebus Photography, Bronxville, NY 10708: 52. |Algner, Achim, Zemmer: 11, 13, 16, 19, 23, 29, 41, 49, 54, 63, 69, 78, 87, 98, 101, 105, 105, 106, 107, 108, 109, 112, 114, 115, 115, 115, 116, 119, 121, 123, 123, 124, 125, 125, 125, 127, 127, 127, 129, 129, 131, 133, 153, 157, 167, 167, 173, 180, 180, 180, 180, 180. |Antonymous BV, TJ, The Hague: © Corbijn, Anton, 1999. Courtesy Galerie Anita Beckers © Corbijn, Anton 35, 35, 37. |Arnulf Rainer Museum, Baden: Rainer, Arnulf 4, 33, 39; Rainer, Arnulf / Bearbeitung Westermann Gruppe/Matthias Berghahn 32; Rainer, Arnulf / Bearbeitung: Matthias Berghahn, Bielefeld 55. |ARS Artists Rights Society, New York: © 2017 The Andy Warhol Foundation for the Visual Arts, Inc. / Artists Rights Society (ARS), New York 50. |Artothek, Spardorf: 164, 212; Christie's Images Ltd 30; Museum Kunstpalast / Kolberg, Horst 8, 10; Städel Museum / Edelmann, E. 47. |AS Verlag & Buchkonzept AG, Zürich: 53, 53, 53, 76, 108, 151; Chicago (Illinois), Art Institute. Zeno.org: 40.000 Meisterwerke. Teil 1: Malerei, S. 19082 © 2007 The Yorck Project 161. |ASTERIX®- OBELIX®- IDEFIX® / LES EDITIONS ALBERT RENE / GOSCINNY - UDERZO, Vanves Cedex: ASTERIX®- OBELIX® / © 2017 LES EDITIONS ALBERT RENE / GOSCINNY - UDERZO 60, 60, 61, 61. |Atelier Richter, Köln: Richter, Gerhard 2017 (0185) 5, 81. |Baselitz, Georg, München: Photo: Georg Baselitz, Archiv (2017) 172. |Baumann, Susanne, Paderborn: 124, 125, 129, 210. |Bayerische Staatsbibliothek, München: Cod.icon. 242, fol. 10r 67. |Berghahn, Matthias, Bielefeld: 7, 42, 49, 60, 61, 75, 75, 91, 95, 96, 125, 127, 154, 157, 168, 168, 181. |Binder, Martin, Wilhelmsdorf: 3, 3, 40, 40, 46, 91, 91, 94, 94, 94, 94, 95, 95, 95, 96, 98, 98, 98, 99, 99, 99, 100, 140, 140, 140, 140, 140, 141, 141, 141, 141, 145, 145, 145, 145, 145, 145, 151, 151, 153, 153, 158, 158, 158, 159, 160, 168, 174, 174, 175, 177, 177, 184, 185, 185, 185, 187, 190, 193, 193, 193, 194, 196, 196, 196, 197, 197, 197, 197, 197, 197, 199, 199, 199, 201, 202, 202, 202, 202, 204, 205, 205, 205, 205, 205. |Bonnier Media Deutschland GmbH, München: 62. |bpk-Bildagentur, Berlin: BnF, Dist. RMN-GP 136; Platen, Angelika 15. |Bridgeman Images, Berlin: 77; Fish (Still Life), 1864 (oil on canvas), Manet, Edouard (1832-83) / The Art Institute of Chicago, IL, USA / Mr. and Mrs. Lewis Larned Coburn Memorial Collection 167; Giant Toothpaste Tube, 1964 (vinyl over canvas filled with kapok; wood, metal and cast plastic) , Oldenburg, Claes (b.1929) / Cleveland Museum of Art, OH, USA / Leonard C. Hanna, Jr. Fund 8, 16; High-backed stool, Jimma or Gurage, Ethiopia (wood) / Private Collection / Photo © Schneebeli, Heini 10. |Bröhan, Angela, Berlin: 10. |Bröseline GmbH,

Sören: Brösel, www.werner.de 137. |Cyan Worlds, Inc., Mead, Washington 99021-9378: 121. |Debschitz, Thilo von, Wiesbaden: Kosmos, www.fritz-kahn.com 4, 57. |Deffke, Michael, Bergisch Gladbach: 8, 17, 17, 20, 22. |Deutsches Kinder- und Jugendfilmzentrum (KJF), Remscheid: Caspar Sänger: Morgens, Übergabe auf der Tischecke (Fotomontage). Deutscher Jugendfotopreis / Next Level 2007 28. |Diogenes Verlag AG, Zürich: aus: Tomi Ungerer Poster Copyright © 1994 Diogenes Verlag AG Zürich 137. |Domke, Franz-Josef, Hannover: 83, 85, 88, 93, 130, 156, 156, 158. |dreamstime.com, Brentwood: Capdevila, Marc 71; Tan, Eileen 210; Zehetmaye, Robert 191. |Ebby May Fotodesign BFF, Brackenheim-Meimsheim: May, Ebby 141. |Favata, Ignazia - STUDIO JOE COLOMBO, Milano: 11. |Focus Photo- u. Presseagentur GmbH, Hamburg: Halsman, Philippe / Magnum Photos 35. |fotolia.com, New York: Blickfang 82, 209; Kneschke, Robert 36; Netzer, Johannes 167. |Fotostudio Henke, Paderborn: 47, 47, 160, 160. |Galerie Henze & Ketterer AG, Wichtrach/Bern: aus: Hans Jürgen Wolfsturm, Hermann Burkhardt, Hochdruck, Ravensburger Buchverlag Otto Maier 1994, S. 26 (Privatbesitz) 138, 139. |Genberg, Mikael, Västerås: 68. |George Steinmetz Photography, Glen Ridge, NJ 07028: 69, 69. |Gerling Living GmbH -home for ideas-, Gütersloh: 12, 12. |Gerstenberg Verlag GmbH & Co. KG, Hildesheim: Francois und Jean Robert: Gesichter 8. |Getty Images, München: Chesnot / © 2017 The Andy Warhol Foundation for the Visual Arts, Inc. / Artists Rights Society (ARS), New York 14, 215; Faris, Randy / Corbis 185; Galella, Ron 16. |Hoffmann und Campe Verlag GmbH, Hamburg: Die Originalausgabe erschien 2008 unter dem Titel „Little People in the City" bei Boxtree, einem Imprint von Pan Macmillan Ltd., London © 2008 Slinkachu, Copyright der deutschen Ausgabe: Copyright © 2009 by Hoffmann und Campe Verlag, Hamburg 29. |Honoré Daumier Gesellschaft (HDG), Erkrath: aus: Daumier, Honoré: Der Bürgerliche Alltag, Rheinisches Landesmuseum 1979, Rheinland-Verlag, Bonn, S.65 (Sammlung Horn, Bad Godesberg) 136. |Interfoto, München: Mary Evans Picture Library 150. |iStockphoto.com, Calgary: Blulz60 92. |Kirchner Museum Davos, Davos Platz: Schenkung Nachlass Ernst Ludwig Kirchner 1992 139. |Klaer, Andreas - Fotograf: 49. |Mante, Harald Prof., Schwerte: 122, 123, 123. |Museum für Gestaltung - Schaudepot, Zürich: Designsammlung. Franz Xaver Jaggy © ZHdK 13. |myloft - antoniomora artworks: Mora, Antonio 38. |Paßmann, Britta, Butzweiler: 3. |Picture-Alliance GmbH, Frankfurt/M.: akg-images 65, 75; akg-images / Battaglin, Orsi 126; akg-images/Lessing, Erich 64; AP Images (Bearbeitung: A. Sterle) 41; dpa 124; dpa / Chris_Young 132, 215; dpa / epa Sipa Niviere 37; dpa / Ossinger, Horst 25; dpa / Scheidemann, Achim 22; HIP / Art Media 109; ZB / Pleul, Patrick 125. |Pitopia, Karlsruhe: AndiPu 36. |Prox, Henning, Karlsruhe: 45, 56, 62, 65, 66, 67, 79, 79, 79, 79, 79, 79, 79, 79, 79, 79, 79. |Scala Archives, Bagno a Ripoli/Firenze: 117, 210. |Shutterstock.com, New York: Ilyukhin, Pavel 84; jorisvo 86; Rodrick Beiler, Ryan 89; Sweet Art 185. |Sterle, Anne, Tübingen: 54, 54, 54, 54, 54. |Stiftung Stadtmuseum Berlin, Berlin: Setzpfandt, Michael 143, 211. |stock.adobe.com, Dublin: Schönfeld, Manuel 70, 211; Tobif82 126. |Succession Alberto Giacometti, Paris: © Succession Alberto Giacometti estate (Fondation Alberto et Annette Giacometti + ADAGP) Paris 2017 46, 157, 175, 213. |The M.C. Escher Company B.V., Baarn: M.C. Escher's „Sky and Water I" © 2017 The M.C. Escher Company-The Netherlands. All rights reserved. www.mcescher.com 112; M.C. Escher's „Waterfall" © 2017 The M.C. Escher Company-The Netherlands. All rights reserved. www.mcescher.com 113. |ullstein bild, Berlin: 66; Granger Collection 58, 110, 112, 113, 114; Granger, NYC 166; imageBROKER / Bömsch, Egon 83; Liszt Collection 73, 166; Siemoneit 18; ullstein bild 104; United Archives / KPA 58. |Verlagsgruppe Droemer Knaur, München: aus: Natke, Bernd, Comic-Zeichnen für Einsteiger, Copyright © 2002 Knaur Kreativ. Ein Imprint der Verlagsgruppe Droemer Knaur GmbH & Co. KG, München 63, 63, 63, 63. |VG BILD-KUNST, Bonn: Bonn 2017 4, 5, 6, 9, 15, 17, 18, 18, 20, 21, 22, 23, 25, 26, 72, 87, 89, 89, 97, 103, 124, 129, 133, 142, 149, 155, 159, 169, 170, 170, 171, 171, 173, 174, 208, 213, 214, 215, 215, 216, 216, 216; Bonn 2017 / Pfahler, Georg Karl: Espan Midi Nr. III, 1978, 160x160 214; Bonn 2017 / Courtesy Sprüth Magers 90; Bonn 2017 / Ernst, Max (1891-1976): Der Hausengel, 1937 (114 x 146) 56, 76; Bonn 2017 / Morellet, Francois(1926): 4 Raster 30°-60°-120°-150°, 1974 - verfremdet 175; Bonn 2017 / Pablo Picasso: Stierkopf, 1942, Montage aus Sattel und Lenkstange eines Fahrrades, Höhe 41 cm, Paris, Musée Picasso ©

Succession Picasso 8, 19; Bonn 2017 / Schwitters, Kurt: Bild 1926, 12. Kleines Seemannsheim 213; Bonn 2017 / Severini, Gino (1883-1966): Selbstporträt (Mein Rhythmus), 1912 (54 x 45) Privatsammlung 50; Bonn 2017 © Die Photographische Sammlung/SK Stiftung Kultur - August Sander Archiv, Köln 34; Bonn 2017 © Man Ray Trust, Paris 5, 5, 17, 135, 135; Bonn 2017 © Salvador Dali, Fundació Gala-Salvador Dalí 50, 74; Bonn 2017 © Succession Brancusi - All rights reserved 130, 144; Bonn 2017 © Succession Picasso 24; Bonn 2017 © The Estate of Tom Wesselmann 128; Bonn 2017 © The Joseph and Robert Cornell Memorial Foundation 23; Bonn 2017 © Yves Tanguy, Joan Miro, Max Morise, Man Ray: Cadavre Exquis, 1927 © Successió Miró 78. |wikimedia.commons: CC BY-SA 3.0 / Strehl, Manuel 146; CC BY-SA 4.0 / Thyes, Myriam 120. |Workman Publishing Co. - International Department, New York, NY 10014: aus: Carl Morris/John Rostron – Sleeveface, Be the Vinyl 44, 44. |Zapf - von Hessen, Gudrun, Darmstadt: 146. |© dtv Verlagsgesellschaft mbH & Co. KG, München: David Macaulay, Sie bauten eine Kathedrale. © für die deutschsprachige Ausgabe: 2009 dtv Verlagsgesellschaft mbH &Co. KG, München 83. |© The Henry Moore Foundation, Herts: © The Henry Moore Foundation. All Rights Reserved, DACS / www.henry-moore.org 2017 144.

Wir arbeiten sehr sorgfältig daran, für alle verwendeten Abbildungen die Rechteinhaberinnen und Rechteinhaber zu ermitteln. Sollte uns dies im Einzelfall nicht vollständig gelungen sein, werden berechtigte Ansprüche selbstverständlich im Rahmen der üblichen Vereinbarungen abgegolten.

Textquellen

S. 14 Andy Warhol aus: Die Philosophie des Andy Warhol von A bis B und zurück, Fischer Taschenbuch, Frankfurt a.M. 3. Auflage 2016, S. 105, übersetzt von Regine Reimers – **S. 19** Pablo Picasso aus: Pablo Picasso, Der Kubismus: malen um der Malerei willen. In: Walter Hess, Dokumente zum Verständnis der modernen Malerei, Rowohlt Verlag, Hamburg 1993, Seite 82 – **S. 28** Caspar Sänger aus: Jan Schmolling, Zoom 2009: Imaging & Animation, Deutscher Jugendfotopreis, Deutscher Jugendvideopreis, kopaed 2009 – **S. 30** Lukrez aus: Norbert Schneider, Stilleben, Taschen-Verlag, Köln 1989/2009, S. 77 – **S. 42** Andy Warhol aus: Paul Moorhouse: Popartportraits, mit einem Text von Dominic Sandbrook, Hatje Cantz, Ostfildern 2007, S. 110. Zitiert nach: Gretchen Berg: Nothing to Lose – Interview with Andy Warhol, in: Cahiers du cinéma, Mai 1967, S. 40, übersetzt von Matthias Wolf – **S. 62** Bernd Natke aus: Bernd Natke, Comic-Zeichnen für Einsteiger, Augustus Verlag, Augsburg 1998 – **S. 71** Cili Wethekam aus: Cili Wethekam, Tignasse. Kind der Revolution, Deutscher Taschenbuch Verlag, München 1983, S. 6 – **S. 82** Richtspruch aus: Elmar Schmitt, Das Ulmer Münster in Vergangenheit und Gegenwart, Anton H. Konrad, Weißenhorn 1989, S. 77 – **S. 87** Mo Edoga aus: http://www.edoga.de/pages/philosophie/frameset_phil.html – **S. 88** Chris Tomas aus: http://weltderwunder.de.msn.com/technik-und-weltraum-article.aspx?cp-documentid=149938543 – **S. 91** Shark aus: Sascha Verlan, Hannes Loh, 20 Jahre HipHop in Deutschland, Hannibal Verlagsgruppe Koch, Höfen 2000, S. 229 f., 244 – **S. 92** Ariane Barth: Rappen und reimen, dichten, denken, Spiegel online vom 22.12.2001, unter http://www.spiegel.de/kultur/musik/serie-hiphop-kultur-i-rappen-und-reimen-dichten-und-denken-a-173645.html – **S. 104** Maurice Denis aus: Manifest des symbolistischen Synthetismus in der Malerei, 1890, zitiert nach Petra Bosetti: Ein Priester der Schönheit, in: art – Das Kunstmagazin, Heft 11/2006, Gruner und Jahr GmbH & Co KG, Hamburg 2006, S. 56 ff. – **S. 105** Piet Mondrian zitiert nach: http://www.stern.de/kultur/kunst/piet-mondrian-bilderstuermer-der-moderne-605230.html, übersetzt von Almut F. Kasper – **S. 107** Paul Cézanne aus: Paul Cézanne, Über die Kunst. Gespräche mit Gasquet, Rowohlt Verlag, Hamburg 1957, S. 8 f., übersetzt von Elsa Glaser – **S. 109** Blaise Cendras nach: Gustav Vriesen u. a., Robert Delaunay, DuMont Verlag, Köln 1967, S. 58 ff., übersetzt von Max Imdahl – **S. 148** Kamijō Shinzan aus: Japanisches Kulturinstitut Köln: Worte in Bewegung, The Yomiuri Shimbum, Japan 1984, S. 118 – **S. 150** Jean de la Fontaine: Der kranke Löwe und der Fuchs, nacherzählt aus: Die Fabeln, Jean de la Fontaine, Emil Vollmer Verlag, Wiesbaden 1980, S. 164 – **S. 152** Annette von Droste-Hülshoff aus: Annette von Droste-Hülshoff: Sämtliche Werke, Hanser Verlag, München 1963 – **S. 164** Zeitungsausschnitte aus: Albert Wolff: Artikel in Le Figaro, in: John Rewald: Die Geschichte des Impressionismus, DuMont Verlag, Köln 1979, S. 237 f., zitiert nach: Claude Monet, sa vie, son œuvre, Paris, 1924, Bd. I, Kapitel XIV – **S. 166** Jean-Baptiste Corot aus: A. Alexandre: Claude Monet, Paris, 1921, S. 38. Zitiert nach: John Rewald: Die Geschichte des Impressionismus, DuMont Verlag, Köln 1979, S. 70 – **S. 166** Gustave Courbet aus: A. Proust: Édouard Manet. Souvenir, Paris 1913, S. 84. Zitiert nach: John Rewald: Die Geschichte des Impressionismus, DuMont Verlag, Köln 1979, S. 145 – **S. 167** Édouard Manet und Pierre Auguste Renoir zitiert nach: John Rewald: Die Geschichte des Impressionismus, DuMont Verlag, Köln 1979, S. 137